Tafesse Chirbo Shanka

Programa de RBC da AMRC - Para garantir uma educação equitativa e de qualidade para os cegos

Tafesse Chirbo Shanka

Programa de RBC da AMRC - Para garantir uma educação equitativa e de qualidade para os cegos

Tafesse Chirbo Shanka

ScienciaScripts

Imprint
Any brand names and product names mentioned in this book are subject to trademark, brand or patent protection and are trademarks or registered trademarks of their respective holders. The use of brand names, product names, common names, trade names, product descriptions etc. even without a particular marking in this work is in no way to be construed to mean that such names may be regarded as unrestricted in respect of trademark and brand protection legislation and could thus be used by anyone.

Cover image: www.ingimage.com

This book is a translation from the original published under ISBN 978-3-330-34807-3.

Publisher:
Sciencia Scripts
is a trademark of
Dodo Books Indian Ocean Ltd. and OmniScriptum S.R.L publishing group

120 High Road, East Finchley, London, N2 9ED, United Kingdom
Str. Armeneasca 28/1, office 1, Chisinau MD-2012, Republic of Moldova, Europe
Printed at: see last page
ISBN: 978-620-7-60826-3

Índice

Acrónimos

ADL   Activities of Daily Life

AIDS   Acquired Immune Deficiency Syndrome

AMRC   Arba Minch Rehabilitation Center

AMU   Arba Minch University

AMTTC   Arba Minch Teachers' Training College

AoLSA   Agency of Social and Labor Affairs

B.A.   Bachelor of Arts

BoFED   Bureau of Finance & Economic Development

CAETS   Charity Association of Education & Training Services for Persons
                   With Disabilities

CCRDA   Consortium Christian Relief and Development Association

CBM   Christoffel Blind Mission

CBR   Community Based Rehabilitation

CORD AID Catholic Organization for Relief and Development Aid.

CSA   Central Statistics Authority

CRCs   Community Rehabilitation Committees

CSOs   Charities and Society Organizations

CWDs   Children with Disabilities

DPOs   Disabled Peoples' Organizations

ECDD   Ethiopian Center for Disability and Development

EFA   Education for All

FGM   Female Genital Mutilation

GOs   Government Organizations

HIV/AIDS   Human Immune Virus/Acquired Immune Deficiency Syndrome

HIV	Human Immune Virus
HTPs	Harmful Traditional practices
ICRC	International Committee of the Red Cross
IDDP	International Day of Disabled People
IE	Inclusive Education
IEP	Individualized Education Plan
IGA	Income Generating Activities
LH	Livelihood
M. A.	Masters of Arts
MDGs	Millennium Development Goals
MoLSA	Ministry of Labor and Social Affairs
NGOs	Non – Governmental Organizations
O & M	Orientation and Mobility
PWDs	Persons with Disabilities
SHGs	Self –Help- Groups
SNE	Special Needs Education
SNEU	Special Needs Education Unit
SNNPR	Southern Nations, Nationalities & People's Region
TBAs	Traditional Birth Attendants
UN	United Nations
UNICEF	United Nations Children's Fund
UNESCO	United Nation Educational, Scientific, and Cultural organization
WoDA	Wolaita Development Association
WHO	World Health Organization
WSU	Wolaita Sodo University

Agradecimentos

Gostaria de estender a minha gratidão à Light for the World - International, à Agência do Trabalho e dos Assuntos Sociais do Estado Regional das Nações, Nacionalidades e Povos do Sul (SNNPRS) (AoLSA) e ao Centro de Reabilitação de Arba Minch (AMRC) pelo apoio financeiro e técnico prestado durante o 6th Africa Forum, que me permitiu participar e adquirir muitas experiências e melhores práticas, que foram tomadas como ponto de partida para a produção deste livro.

Gostaria de agradecer ao Coordenador do Fórum 6th África, Sr. Martin Kieti, pela sua comunicação e fornecimento de mais informações relacionadas com o fórum. Um agradecimento especial à Sra. Ludmila Bucur, à Sra. Liga Sile e à equipa de gestão de impressão da LAP LAMBERT Academic Publishing pela sua preocupação e empenho em estabelecer contactos frequentes e em publicar este livro e disponibilizá-lo para si.

Estou muito grato a todas as organizações por fornecerem apoio material, técnico e financeiro ao programa de Reabilitação Baseada na Comunidade (RBC) da AMRC desde o seu período inicial até agora, com o objetivo de melhorar as vidas de centenas e milhares de pessoas com deficiência na SNNPR, incluindo a SNNPR AoLSA, CORD AID-Países Baixos, SNV-Etiópia, MoLSA, TTAF, DFID, CBM-Etiópia, CBRN-E, CICV, Liliane Foundation, DED, POC-Adis Abeba, Cheshire Services Ethiopia e CCRDA.

Gostaria também de agradecer ao Sr. Teshome Balcha, chefe do processo central de ensino/ensino e avaliação do departamento de educação da zona de Wolaita, ao Sr. Tsehaynew Ademe, que é cego, Diretor Executivo da CAETS, ao Sr. Hussen Urkato, que é cego, à empresa de desenvolvimento habitacional da SNNPR, ao responsável pela empresa de construção e ao Presidente da União das OPDs da SNNPR e ao Sr. Seifu Bekele, do gabinete de educação da SNNPR, especialista que me ajudou alegremente a fornecer informações sobre a intervenção da RBC na educação de necessidades especiais/educação inclusiva e a partilhar o seu tempo para este trabalho. Seifu Bekele do gabinete de educação da SNNPR, especialista, que me ajudou alegremente a fornecer informações sobre a intervenção da RBC, a educação de necessidades especiais/educação inclusiva e a partilhar o seu tempo para este trabalho.

É com prazer que agradeço a todas as pessoas com deficiência e suas famílias dos locais de intervenção do programa de RBC da AMRC em Gamo Gofa, Wolaita, Dawuro, South Omo e Segen People's zones, com quem aprendi muitas experiências práticas no decurso do planeamento, implementação, gestão e coordenação do programa de RBC durante mais de 13 anos na AMRC.

Gostaria de agradecer ao Sr. Tadios Tukano e à Sra. Roman Solomon pelas suas valiosas contribuições na implementação do programa de RBC no centro, com o objetivo de mudar a vida das crianças com deficiência e das suas famílias em todas as áreas de intervenção do programa de RBC. Os meus sinceros agradecimentos ao Sr. Letsa Lela pelos seus comentários sinceros e inventivos ao manuscrito.

Tenho muito orgulho em ter a minha mulher, a Sra. Almaz Anjulo Dachasa, na minha vida e estou grato por ela me ter ajudado em todas as minhas carreiras e a escrever este livro.

Este livro é dedicado a recordar o falecido Teshome Tadesse, Diretor da Agência de Trabalho e Assuntos Sociais da SNNPR, que contribuiu com a sua parte para melhorar a vida das pessoas com deficiência na SNNPR. Dedico este livro à memória da minha mãe, a Sra. Molise Jilla Tantu. Obrigado por me ter dado o dom da vida.

DEFICIÊNCIA NÃO É INCAPACIDADE!

Sr. Tafesse Chirbo Shanka

Tafessec@yahoo.com

Mensagem do autor para os leitores

O autor está feliz por ter esta oportunidade de dar informações sobre como começou a escrever este livro. Em primeiro lugar, o principal doador da AMRC, nomeadamente a LIGHT FOR THE WORLD International, convidou-me a tomar a iniciativa de produzir um documento para apresentar no 6th Africa Forum que se realizou de 4 -8[thth] outubro /2015 no Speke Resort sob o tema "Beyond 2015: Cumprindo a Agenda para Pessoas com Deficiência Visual em África" Kampala, Uganda. Foi então que me convenci e comecei a escrever o documento sobre a "Contribuição do programa de RBC da AMRC para garantir uma educação equitativa e de qualidade para pessoas cegas e crianças com deficiência visual no sul da Etiópia". O documento preparado foi enviado ao Sr. Martin Kieti, Coordenador do 6th Africa Forum e foi aceite como um dos documentos a serem apresentados no 6th Africa Forum e finalmente foi apresentado ao respetivo público em 7 de outubro de 2015.

Passado um ano e sete meses, recebi uma mensagem de correio eletrónico da Sra. Ludmila Bucur, editora da LAP LAMBERT Academic Publishing, que me convidava a confirmar se estava ou não interessada na publicação do meu trabalho de investigação sob a forma de livro, com oferta gratuita da LAP LAMBERT Academic Publishing. Foi de facto um grande prazer para mim, enviei a confirmação e decidi começar a reescrever o artigo sob a forma de livro depois de comunicar com o editor e o representante da editora por correio eletrónico e por conferência telefónica.

Quando comecei a trabalhar no livro, tentei ater-me às amplas experiências e melhores práticas do programa de RBC da AMRC, que visava criar oportunidades iguais e a plena participação das crianças com deficiência e das suas famílias na educação, na saúde, na subsistência, na sociedade e na capacitação no sul da Etiópia. Como licenciada em educação especial ao nível de mestrado, professora e directora de uma escola secundária e gestora de programas de RBC em diferentes cenários durante vários anos, tentei usar a minha experiência pessoal como contributo para desenvolver o livro. Por isso, este livro foi desenvolvido a partir das experiências pessoais do autor no planeamento, implementação, gestão e coordenação do programa de RBC na AMRC, da exposição a formações e workshops internacionais sobre liderança e gestão da deficiência na Etiópia e no estrangeiro, e dos feedbacks dados após a apresentação do trabalho de investigação no 6th Africa Forum em Kampala, Uganda.

Capítulo 1. Prefácio

A AMRC tem as suas próprias experiências e melhores práticas no apoio à educação primária e secundária de crianças cegas e deficientes visuais através de projectos de RBC em distritos remotos e rurais do sul da Etiópia há mais de dezanove anos. Tendo este ponto em mente, o autor aborda o que tem sido feito no terreno e o que será feito no futuro com referência à educação primária e secundária de crianças cegas e deficientes visuais no Sul da Etiópia.

Além disso, o livro descreve como o programa de RBC da AMRC contribuiu para a educação de crianças cegas e deficientes visuais nos níveis primário e secundário em dois contextos diferentes: nomeadamente em casa e na escola. A educação de crianças cegas e deficientes visuais consiste em mais do que apenas o currículo académico tradicional de leitura, escrita e aritmética. Tanto as crianças cegas como as crianças com deficiência visual têm as suas próprias necessidades únicas e diversificadas. Por isso, este livro também aborda as oportunidades e os desafios que as crianças cegas e com deficiência visual enfrentam no decurso da frequência das aulas nas escolas primárias e secundárias do Sul da Etiópia. Além disso, tem como objetivo estimular o debate sobre métodos básicos, conhecimentos e técnicas relacionados com a educação de crianças cegas e com deficiência visual nas escolas primárias e secundárias e dá recomendações práticas.

Embora a obra se destine a promover e a desenvolver o apoio educativo inclusivo a crianças cegas e amblíopes em escolas primárias e secundárias regulares, a informação, as competências e as actividades abordadas são também muito importantes e valiosas para os professores que trabalham em escolas regulares, escolas especiais, unidades de educação especial, jardins-de-infância e contextos de educação de adultos. Além disso, espera-se que as melhores práticas partilhadas neste livro encorajem e motivem os professores, os pais, o conselho de educação e formação e os responsáveis pela educação a todos os níveis a olharem para o sistema educativo de forma a responderem às necessidades diversificadas das crianças cegas e com deficiência visual nas escolas primárias e secundárias. Além disso, as organizações que trabalham no domínio da deficiência utilizando a estratégia de RBC, as escolas de formação de professores e as universidades também poderão beneficiar deste livro.

O livro aborda ainda a importância da abordagem multissectorial para mobilizar toda a comunidade, incluindo as crianças cegas e com deficiência visual, as suas famílias, os pais de pessoas com deficiência visual, as organizações governamentais e ONG relevantes, as organizações informais estabelecidas localmente, como "idir"[1] e Ikub"[2] , as escolas, as OPD e os clubes de crianças com deficiência na escola, para criar oportunidades iguais e a participação plena das crianças cegas e com deficiência visual, com o objetivo de melhorar as suas vidas, uma vez que são os mais pobres dos pobres na sua própria comunidade local. A abordagem multissectorial em relação à deficiência e à escola inclusiva pode desempenhar um papel importante na criação de um ambiente propício com o objetivo de criar uma sociedade inclusiva em matéria de deficiência para alcançar os objectivos de desenvolvimento sustentável para 2030.

O autor conclui que quando os projectos de RBC praticam a abordagem baseada nos direitos de uma forma holística na implementação do ensino primário e secundário das pessoas com deficiência visual em geral e das crianças cegas e amblíopes em particular, é mais provável que estes grupos de crianças vejam os seus direitos respeitados e possam viver com dignidade na sua comunidade e levar a sua própria vida independente. Se as pessoas cegas e com deficiência visual e as suas famílias não beneficiarem de uma intervenção precoce atempada e adequada no que diz respeito às suas preocupações em matéria de educação, saúde, social, económica, política e psicológica, as suas dificuldades podem tornar-se mais graves, o que muitas vezes tem consequências para toda a vida.

O autor também deseja concluir que a AMRC tem feito o seu melhor para criar acesso à educação para as crianças com deficiência intelectual, começando com a identificação das crianças com deficiência intelectual através de um inquérito domiciliário, a prestação de cuidados domiciliários e a reabilitação, até ao patrocínio destas crianças em escolas especiais/internato e em escolas regulares. Atualmente, o centro trabalha no apoio a escolas primárias e secundárias através do seu programa de RBC com o objetivo de promover a educação inclusiva. A transformação de uma fase para outra não foi fácil num país como a Etiópia, onde as crianças com deficiência, os seus pais e as escolas enfrentam uma série de situações difíceis. O percurso da escola especial/unidade de ensino especial/turma para a escola regular não foi fácil e, no entanto, as escolas não estão totalmente integradas nas CWD. Assim, existem escolas especiais, internatos especiais, unidades/classes de ensino especial que tratam de CWDs em diferentes zonas e distritos/administrações municipais no país. Embora o objetivo fosse criar um ambiente escolar inclusivo para todas as crianças, a inclusão total não é mantida no seu sentido real. Pode dizer-se que foram feitos muitos progressos, mas ainda há muito a fazer para conseguir uma educação inclusiva no país. Se os esforços continuarem a ser intensificados, espera-se que a inclusão seja mantida

---

[1] Idir- é uma organização informal estabelecida a nível da aldeia com o objetivo de se apoiarem mutuamente em caso de morte de familiares e parentes.

[2] Ikub - é uma organização informal estabelecida a nível da aldeia com o objetivo de se apoiarem mutuamente na poupança e no crédito numa base semanal/mensal.

no seu verdadeiro sentido no país, passo a passo, num futuro próximo.

O autor está confiante em afirmar que o centro continua a envidar esforços em colaboração com o governo da SNNPR, a respectiva comunidade, pais de CWDs, DPOs, ONGs e outras partes interessadas importantes na criação de um ambiente escolar inclusivo e acolhedor para a deficiência no sul da Etiópia. O autor não tem qualquer dúvida quanto à sua sustentabilidade, uma vez que o centro é a única organização governamental que presta diferentes serviços relacionados com a educação, a saúde, os meios de subsistência, a assistência social e a capacitação das pessoas com deficiência na região. O que foi feito até agora pode ser considerado uma gota no oceano, uma vez que os serviços prestados no domínio da educação são provavelmente inferiores às necessidades diversificadas das pessoas com deficiência, incluindo as crianças cegas e amblíopes da região. No que diz respeito à garantia de um ensino equitativo e de qualidade para as crianças cegas e amblíopes nas escolas primárias e secundárias da região SNNPR, foram alcançados até à data progressos interessantes. No entanto, os princípios, a cultura e as práticas inclusivas continuam a não ser mantidos de forma adequada a todos os níveis do sistema educativo e a educação dos cegos e deficientes visuais tem enfrentado uma série de desafios que exigem a colaboração de todos os cidadãos do país com o objetivo de proporcionar uma educação equitativa e de qualidade neste domínio.

Por último, recomenda-se vivamente que haja um longo caminho a percorrer para garantir uma educação equitativa e de qualidade nas escolas primárias e secundárias para as crianças cegas e com deficiência visual na Etiópia e que sejam necessários mais compromissos e uma maior dedicação por parte de todos os organismos envolvidos, incluindo as pessoas cegas e com deficiência visual e as suas famílias, os pais, as OPD, a comunidade, as organizações religiosas, as ONG, os governos a todos os níveis, os educadores, os directores, os professores, os profissionais de saúde, os líderes políticos e outros. Com a sua ajuda, podemos tornar possível criar um ambiente escolar inclusivo, criar e reforçar centros de recursos escolares, organizar bibliotecas escolares com livros de referência em formato Braille, fornecer professores qualificados e bem formados no terreno e capacitar os pais destes grupos de crianças para a sua subsistência, a fim de lutarem contra a pobreza e exercerem os seus direitos em assuntos que afectam as suas vidas.

Capítulo 2. Termos-chave

Há termos-chave utilizados neste livro em relação à deficiência, à educação inclusiva e à educação de crianças cegas e deficientes visuais.

Ábaco: O ábaco[3] é um dispositivo especialmente adaptado a estudantes com deficiência visual para facilitar o cálculo matemático.

Dispositivos de apoio à aprendizagem: incluem Perkins Brailler, máquina de termoformagem, conjunto geométrico, estilete, ardósia Braille, papel Braille, formador de palavras Braille, borrachas de plástico e placa de treino do alfabeto inglês, quadro Taylor matemático.

Crianças cegas: Crianças que não têm visão.

Gravador Braille: "Um gravador Braille é uma máquina de seis teclas operada manualmente que, como o seu nome indica, é utilizada para produzir Braille."[4]

RBC: De acordo com o consenso de três agências da ONU (UNESCO, OIT, OMS), foi definida da seguinte forma "A RBC é uma estratégia no âmbito do desenvolvimento comunitário para a reabilitação, a igualdade de oportunidades e a integração social de todas as pessoas com deficiência. A RBC é implementada através dos esforços combinados das próprias pessoas com deficiência, das suas famílias, das comunidades e dos serviços de saúde, educação, profissionais e sociais adequados."[5]

Deficiência: É qualquer restrição ou falta (resultante de uma deficiência) de capacidade para realizar uma atividade, de uma forma ou dentro dos limites considerados normais para um ser humano.

Deficiência: O termo "deficiência" significa a perda ou limitação de oportunidades de participar na vida da comunidade em pé de igualdade com os outros.

Deficiência: É qualquer perda ou anomalia da estrutura ou função fisiológica, psicológica ou anatómica.

Educação inclusiva: Define-se como o "processo de abordagem e de resposta à diversidade das necessidades de todos os alunos através de uma maior participação na aprendizagem, nas culturas e nas comunidades, e da redução da exclusão na e da educação".[6]

Integração: É a colocação de crianças com deficiência em programas educativos que

---

[3] Donna McNear e Iris Torres (2002): "Quando tem um aluno com deficiência visual na sua turma - Um guia para professores", Fundação Americana dos Cegos, p.70

[4] McNear D., Torres, L. e outros (2002). When you have a visually impaired student in your classroom: A Guide for teachers, Consulting Editor Susan J. Spungin, AFB Press, 2nd Edition, EUA. Fundação Americana para os Cegos, p.67

[5] OIT, UNESCO, OMS (2004). Reabilitação com base na comunidade. Documento de posição comum. p.2

[6] UNESCO, 2011

também servem crianças sem deficiência.

Crianças com baixa visão: Crianças que têm uma pequena quantidade de visão utilizável.

Integração: Refere-se ao regresso à sala de aula regular, para toda a parte do dia escolar, de crianças com deficiência anteriormente educadas exclusivamente em ambientes segregados.

Pessoas com deficiência: É o termo utilizado na Convenção das Nações Unidas sobre os Direitos das Pessoas com Deficiência (CDPD): "As pessoas com deficiência incluem aquelas que têm incapacidades físicas, mentais, intelectuais ou sensoriais de longo prazo que, em interação com várias barreiras, podem impedir a sua participação plena e efectiva na sociedade em condições de igualdade com os outros."[7]

Escola secundária: As escolas do nono ao décimo segundo ano.

Ardósia e estiletes: A ardósia e o estilete são um dispositivo portátil e leve utilizado para escrever em Braille. A ardósia é uma moldura na qual pode ser introduzido papel. A ardósia e o estilete são dispositivos portáteis e leves, utilizados para escrever em Braille e para criar pontos em relevo no papel,[8]

Classe especial: É uma classe que se encontra nas escolas regulares, onde as crianças com necessidades especiais passam o dia escolar num ambiente especial, como salas de aula com diferentes recursos, onde recebem instrução individualizada de educadores especiais.

Educação especial: Refere-se à educação de alunos que têm necessidades académicas, comportamentais ou físicas que não podem ser adequadamente satisfeitas numa sala de aula regular.

Escola especial: Refere-se a "escolas que prestam serviços educativos a um grupo específico de crianças (por exemplo, crianças cegas, crianças surdas/com dificuldades auditivas, crianças surdas/cegas, etc.). Algumas destas escolas mantêm os alunos sob cuidados institucionais, fornecendo-lhes abrigo, alimentação e outras necessidades básicas com o objetivo de criar um melhor acesso aos serviços, enquanto outras apenas prestam serviços educativos a crianças que vivem com as suas famílias."[9]

Escola primária: as escolas do primeiro ao oitavo ano.

Bengala branca: é um dispositivo que pode ajudar os alunos com deficiência visual a

---

[7] Convenção das Nações Unidas sobre os Direitos das Pessoas com Deficiência,2008

[8] McNear D., Torres, L. e outros (2002). When you have a visually impaired student in your classroom: A Guide for teachers, Consulting Editor Susan J. Spungin, AFB Press, 2nd Edition, EUA. Fundação Americana para os Cegos, p.67

[9] Yekokeb Berhan /Pact Project for Highly Vulnerable Children (2013). Diretório de Serviços para Necessidades Especiais, Primeira Edição. P.vi

encontrar o seu caminho e a dar-lhes confiança, especialmente para caminhar em locais que não estão familiarizados com a prática, pode também ajudá-los a caminhar de uma forma mais rápida e normal, com passos longos e seguros. Isto porque podem sentir-se mais longe, mais à frente, com as bengalas do que com os pés.[10]

---

[10] David Werner, 1999, Disabled Village Children.P.251.

Capítulo 3. Deficiência e RBC na Etiópia

3.1. Situação nacional

A Etiópia é um país situado no corno de África. A Etiópia ocupa hoje um território de 1.104.300 quilómetros quadrados, o que a torna o décimo maior país de África. A sua população está estimada entre 95 e 100 milhões de habitantes, a segunda maior de África (depois da Nigéria). A Etiópia mudou o seu lema turístico nacional: "Treze Meses de Sol" para "Terra das Origens". Acredita-se que o país seja a origem de muito mais. Entre elas, a origem da humanidade, onde se encontram os restos mortais mais antigos de antepassados humanos - o primeiro ser que andava habitualmente sobre dois pés, chamado "Lucy", a origem ou local de nascimento da planta selvagem do café, "Arabica", a origem do Nilo Azul, o rio mais longo do planeta. A Etiópia é o único país africano que não foi colonizado. A sua capital, Adis Abeba, é a capital diplomática de África, sendo a sede da União Africana e da Comissão Económica das Nações Unidas para África, bem como de outras organizações regionais e internacionais que fazem dela o terceiro centro diplomático do mundo."[11]

A Etiópia é um mosaico de povos e culturas que, coletivamente, falam mais de 80 línguas, sendo que a maioria dos seus habitantes fala uma língua semítica ou cuchita. Existem mais de 80 grupos étnicos diferentes na Etiópia. Alguns deles têm apenas 10.000 nativos. O inglês é a língua estrangeira mais falada e é ensinada em todas as escolas secundárias. O amárico é a língua de trabalho nacional, mas outras línguas como o oromifa, o tigrigna, o somali, o harari e o gurage são muito faladas a nível local. O amárico era a língua de ensino na escola primária, mas foi substituído em muitas zonas por línguas locais como o oromifa, o tigrínia, o sidamigna, o wolaittigna, o gamogna e outras. Embora o amárico seja a língua oficial da Etiópia, o inglês, o italiano, o francês e o árabe são bastante falados. Nas zonas fora das grandes cidades e vilas, é provável que sejam faladas línguas indígenas com cerca de 200 dialectos.

No que diz respeito à prevalência da deficiência, o relatório da OMS e do BM sobre a deficiência, publicado em junho de 2011, estima que 15-20% (mais de 800 milhões) da população mundial vive com alguma forma de deficiência, o que faz dela o maior grupo minoritário. De acordo com as estimativas da OMS, estima-se que a Etiópia tenha mais de 7.900.000 pessoas com deficiência numa população de mais de 79 milhões.[12] A Handicap National (2012:2) citou o relatório de Tirussew (2005), segundo o qual "Na Etiópia, a deficiência tem afetado a vida de uma proporção significativa das comunidades. A presença de factores incapacitantes diversificados (como a saúde das futuras mães antes e durante o parto, as doenças infecciosas infantis, a falta de uma

---

gestão adequada dos cuidados infantis, as práticas tradicionais nocivas, a subnutrição e outros) e a ausência de serviços preventivos primários e secundários precoces em geral provocaram um aumento fenomenal da prevalência da deficiência no país.[13] Apesar dos esforços envidados pelo governo e pelos parceiros de desenvolvimento para mudar as atitudes negativas da comunidade em relação às pessoas com deficiência, não se observam mudanças significativas. "Tradicionalmente, as pessoas encaram as deficiências como uma maldição, um pecado ou a ira de Deus, pelo que as pessoas com deficiência são vistas como dependentes, indefesas, incapazes de aprender e sujeitas a caridade. Além disso, as pessoas com deficiência são também designadas como inválidas, deficientes e atrasadas." [14]

De acordo com o estudo da OMS, nos países em desenvolvimento, incluindo a Etiópia, as pessoas com deficiência são os mais pobres dos pobres. A maioria destas pessoas não tem acesso a qualquer tipo de serviço de reabilitação. A UNESCO calcula que a taxa global de alfabetização das pessoas com deficiência em todo o mundo é de 3%, e a das mulheres e raparigas com deficiência é de 1%.[15] Vários estudos mostram que, nos países em desenvolvimento, apenas 1,5% das pessoas com deficiência recebem serviços de reabilitação. Esta situação deve-se a vários factores, entre os quais se destacam a falta de boa governação, a má utilização dos escassos recursos existentes e as atitudes negativas em relação às pessoas com deficiência. Espera-se que a atitude negativa em relação às pessoas com deficiência melhore com o tempo, através de uma sensibilização significativa de toda a comunidade.

VISÃO 2020 O DIREITO À VISÃO Cegueira e deficiência visual: Factos Globais indica que: "De acordo com a Organização Mundial de Saúde, estima-se que:

• Em todo o mundo, 253 milhões de pessoas são portadoras de deficiência visual: 36 milhões são cegas e 217 milhões têm uma deficiência visual moderada a grave.

• Destes, 39 milhões de pessoas são cegas.

• 246 milhões de pessoas têm baixa visão.

• Cerca de 80% de todas as deficiências visuais podem ser evitadas através de prevenção, tratamento ou cura.

• 53% das deficiências visuais resultam de erros refractivos não corrigidos.

• 35% da cegueira é causada por cataratas não operadas em países de baixo rendimento.

• 81% de todas as pessoas cegas ou com deficiência visual moderada a grave têm 50

---

[13] Tirussew (2005:5), conforme relatado pelo Relatório Anual Nacional do Handicap 2012.p.2.
[14] Tirussew (2005:7) e OIT, 2004, conforme relatado pelo Relatório Anual Nacional do Handicap 2012.P.2
[15] UNESCO (2003).

anos ou mais.

• A prevalência de doenças oculares infecciosas, como o tracoma e a oncocercose, diminuiu significativamente nos últimos 25 anos.

• Estima-se que 19 milhões de crianças sejam portadoras de deficiência visual. Destas, 12 milhões de crianças têm uma deficiência visual devida a um erro de refração. Cerca de 1,4 milhões têm cegueira irreversível, necessitando de acesso a serviços de reabilitação da visão para otimizar o funcionamento e reduzir a incapacidade.

• Principais causas de deficiência visual: erros de refração, cataratas e glaucoma.

• Principais causas de cegueira: cataratas, glaucoma e degenerescência macular relacionada com a idade".[16]

Atualmente, 57 milhões de crianças em idade escolar primária não frequentam a escola.[17] De acordo com o Recenseamento da População e da Habitação da Etiópia[18], os deficientes visuais (12%) e os cegos totais (9%) ocupam o segundo e o terceiro lugares, respetivamente, a seguir à deficiência motora. Estes grupos de crianças são servidos em 4 internatos especiais, uma escola diurna especial e 23 classes especiais. Considerando a participação educativa das pessoas com deficiência no ano letivo de 1999, a informação disponível do Ministério da Educação da Etiópia revelou que o número de pessoas com deficiência que frequentaram o ensino especial foi de 3.727, das quais 1.488 eram cegas (618 do sexo feminino). Para além disso, 187 homens e 113 mulheres, num total de 300 professores, estão envolvidos em serviços de educação especial.[19] O documento nacional refere ainda que, embora não exista informação realista que permita determinar o número de pessoas com deficiência em idade escolar, não é difícil estimar que o número de pessoas com deficiência que não puderam obter oportunidades de educação é enorme quando comparado com o número total de pessoas com deficiência.

Outro estudo realizado pelo Ministério Federal da Educação (MoE, 2015)[20] revela o número de matrículas de crianças com deficiência nas escolas primárias, como mostra a tabela1 abaixo.

Quadro 1. 2013/2014 Matrículas de crianças com deficiência nas escolas primárias

Tipos de deficiência	Masculino	Feminino	Total	%
Deficientes visuais	5,163	3,875	9,038	12.8

[16] www.worldblindunion.org/English/resources/arne Husveg Development Fund/Blindness Global Fact sheet Oct2017.docx

[17] Educação para Todos, Relatório sobre os Objectivos de Desenvolvimento do Milénio (2005).

[18] Recenseamento da População e da Habitação da Etiópia (2007)

[19] Ministério do Trabalho e dos Assuntos Sociais da Etiópia (1999). Programa Nacional de Ação para a Reabilitação de Pessoas com Deficiência. P.19

[20] Ministério da Educação da Etiópia (2015).P.5

Deficientes físicos	10,476	7,250	17,726	25.2
Deficiência auditiva	9,715	7,318	17,033	24.2
Deficientes intelectuais	10,977	7,885	18,862	26.8
Outros	4,677	3,141	7,818	11.0
Total	41,008	29,469	70,477	100

Como mostra o Quadro 1, dos 70 477 alunos com deficiência matriculados no ensino primário durante o ano letivo (2013/2014), 9 038 (12,8%) eram deficientes visuais. Embora o número de alunos matriculados no ano letivo pareça menor, isso implica que um certo número de alunos com deficiência teve acesso à educação nas escolas primárias. Além disso, a inscrição de 9.038 alunos com deficiência visual nas escolas primárias é também um progresso na educação dos alunos com deficiência no país. Apesar de existirem lacunas em termos de acessibilidade, equidade e qualidade da educação em matéria de necessidades educativas especiais, o país esforça-se por criar um terreno fértil para a formação de professores em matéria de necessidades educativas especiais, estabelecendo directrizes para os centros de recursos, equipando as escolas primárias com materiais didácticos adaptáveis e dispositivos de assistência, sensibilizando a comunidade para a educação inclusiva através dos meios de comunicação social. Embora o autor esteja interessado em saber o número de alunos cegos matriculados na escola na tabela 1 acima, este não foi incluído.

De acordo com a Política de Educação e Formação (ETP), o Ministério da Educação desenvolveu uma estratégia abrangente do Programa de Educação Especial em 2006, que especificava a criação de Centros de Recursos (CRs). Foram criados nove CR no âmbito do plano de execução da estratégia de educação inclusiva e de necessidades especiais de 2006 e 2012. Dos nove, três estão localizados em Adis Abeba, três em Oromiya, dois em Benishangul e apenas um em SNNPR.[21] No entanto, as restantes seis regiões e uma câmara municipal não dispunham de centros de recursos durante esse período, pelo que se poderia imaginar que existia uma distribuição equitativa entre as regiões. Atualmente, o seu número pode aumentar para mais do dobro e espera-se que o programa abranja todas as regiões do país.

3.2. Contexto SNNPR

S NNPR é um dos estados regionais da Etiópia e está localizado na parte sudoeste do país. É uma região com uma cultura diversificada, com 53 nações, nacionalidades e costumes, onde os povos vivem em harmonia. Tem uma área geográfica de 105.476,07 quilómetros quadrados com uma população total prevista de 15.995.819 em 2010, de acordo com a estimativa da CSA feita em maio de 2007. Com esta população, estima-

---

[21] Ibid.,p.34

se que a SNNPR tenha mais de 1.599.581 pessoas com deficiência, de acordo com a estimativa da OMS, que afirma que 10-15% da população vive com diferentes tipos de deficiência. Para além disso, o BoFED da SNNPR informa que "a região acolhe 56 grupos étnicos com a sua própria língua, cultura, crenças, tradições, rituais, normas, valores e identidades sociais distintas". [22]

S NNPR Education Bureau Education Management Information System[23] Os dados mais recentes mostram que existem 79.144 (35.646 são do sexo feminino) alunos do ensino primário com necessidades especiais (todos os tipos) em todas as zonas e 'woredas'/distritos especiais do 1º ao 8º ano. Dos 79.144 alunos com necessidades especiais, 32.524 (15.173 são do sexo feminino) estão matriculados em cinco zonas das áreas de captação do programa de RBC da AMRC. Os dados mostram ainda que dos 79 144 (35 646 são do sexo feminino) alunos com necessidades especiais, 915 (400 são do sexo feminino) têm problemas visuais graves e 13 182 (5 741 são do sexo feminino) têm problemas visuais parciais. No que diz respeito aos dados de matrículas de alunos com necessidades especiais no ensino pré-primário, o mesmo relatório indica que um total de 10 281 (4 912 são do sexo feminino) estão matriculados em o-class e outros programas pré-primários e no jardim de infância em 2016/2017 na região.

3.3. RBC na Etiópia

Na Etiópia, tal como na maior parte do mundo, um grande número de pessoas com deficiência está privado dos seus direitos humanos básicos de acesso à reabilitação, incluindo a educação, a saúde, os meios de subsistência, os cuidados físicos, sociais, económicos e domiciliários adequados. Na Etiópia, tanto as pessoas com deficiência como as suas famílias são vítimas de discriminação e de exclusão das actividades sociais, económicas e políticas da comunidade, uma vez que a maior parte delas são analfabetas, os mais pobres dos pobres e vivem em zonas rurais onde as práticas tradicionais prejudiciais influenciam significativamente a comunidade. Os serviços de ensino da língua gestual e do Braille, de próteses, de ortóteses e de fisioterapia estão sobretudo disponíveis em cidades relativamente grandes, como Adis Abeba, Mekele, Hawassa, Desie, Bahir Dar, Arba Minch, Asella, Jimma, etc., ao passo que as zonas rurais, onde vive a maior parte dos beneficiários, não têm ou têm menos acesso a estes serviços. Por exemplo, as actas do seminário sobre a EI realizado em Adama, na Etiópia, organizado pelo Centro de Especialização em Educação, referem que "as

---

[22]Gabinete de Finanças e Desenvolvimento Económico da SNNPR (2008). Intervenção para o desenvolvimento das organizações caritativas e sociais. P.8

[23] SNNPR Education Bureau management Information System, 2017.P.7. (Os dados de Konso não foram comunicados)

pessoas que tiveram a oportunidade de o fazer são sobretudo as que vivem nas zonas urbanas, o que se deve ao facto de as escolas com instalações se concentrarem nas zonas urbanas e nas regiões não emergentes".[24] Consequentemente, enfrentam problemas de saúde crónicos e as suas famílias sofrem encargos económicos e sociais.

É evidente que as pessoas que vivem nas grandes cidades da Etiópia têm provavelmente mais acesso à educação, à saúde, aos serviços económicos e sociais, uma vez que há mais ONG a operar nestas zonas do país do que nas zonas rurais. Por exemplo, o Relatório do Gabinete de Finanças e Desenvolvimento Económico da SNNPR (2009) indica que "de julho a dezembro de 2010, o número de OSC que operam na SNNPR é de 202 e o montante total do orçamento acordado entre as OSC e o governo a todos os níveis administrativos entre 2007 e 2015 é de 3 419 966 443 Birr. Em geral, verifica-se que a maioria das OSC está concentrada nas zonas centrais da região, o que, por sua vez, indica que há uma grande necessidade de as redirecionar para as áreas onde existem maiores lacunas de desenvolvimento."[25] Na Etiópia, a maioria das pessoas com deficiência não tem informação sobre a atual situação económica, social e política do país e nem sequer sabe como exercer corretamente os seus direitos. Além disso, a falta de informação sobre o VIH/SIDA agrava a situação de desespero de um grande número de pessoas que não estão em condições de fazer valer os seus direitos.

A CBRN-E (2004:7) refere que "a introdução da RBC na Etiópia remonta a 1983, altura em que o antigo governo da Etiópia (regime militar) iniciou um programa-piloto sob a forma de Programa de Reabilitação Profissional (PRV) nas cidades de Assela e Nathreth da região de Oromiya. Desde 1994, as ONG que operam em Adis Abeba também começaram a empenhar-se em iniciativas de RBC. O primeiro Programa de Reabilitação com Base na Comunidade da iniciativa das ONG foi lançado pela Cheshire Services Ethiopia (CSE), que foi acompanhado por muitos outros em fases posteriores, inicialmente envolvidos na prevenção de doenças e deficiências, intervenção precoce e reabilitação através da educação e participação da comunidade".[26]

A CBRN-E elaborou o documento de normas de serviço da RBC com o objetivo de "assegurar a transferência e o reforço de conhecimentos e competências em matéria de boa saúde, praticar técnicas básicas de reabilitação para a sociedade através de um trabalho conjunto, capacitar as pessoas com deficiência e os seus aliados próximos para

---

[24] Actas do Seminário sobre Educação Inclusiva (2009), Centro de Especialização em Educação, Adama, Etiópia.

[25] Gabinete de Finanças e Desenvolvimento Económico da SNNPR (2011). Intervenção para o desenvolvimento de instituições de caridade e organizações sociais, Hawassa.PP.2 e 23.

[26] Rede de Reabilitação com Base na Comunidade - Etiópia (2004). Primeira edição, P.7

alcançar uma comunidade inclusiva e incorporar a RBC na estratégia de desenvolvimento holístico da sociedade em geral".[27] As normas visavam orientar as partes interessadas na direção certa da RBC, de modo a culminar numa intervenção programática atempada, rentável, mensurável, capacitadora e sustentável.[28]

O documento National CBR Service Standards (CBRSS) explica ainda que a situação na altura exigia a necessidade e a utilização de um fórum, pelo que um grupo de interesse em RBC começou a fazer pressão para estabelecer um conjunto de ligações em 1994, tendo mais tarde evoluído para uma Rede de RBC em 1995/1996, sob os auspícios da então Agência de Reabilitação. Desde então, diferentes partes interessadas dedicaram o seu tempo e recursos através da rede e promoveram conceitos, princípios, métodos de aplicação e práticas da abordagem da RBC em locais relevantes. A AMRC foi um dos membros fundadores da Rede RBC-Etiópia. A voz da Rede RBC (2003:8)[29] revela que, durante este período, dez ONG membros da Rede RBC, incluindo a AMRC, conduziram quinze programas de RBC na Etiópia, dos quais oito operam em vinte e três 'Woredas'/distritos de Adis Abeba e três deles estenderam-se a sete zonas de cinco regiões, nomeadamente os Estados de Dire Dawa, Harar, Oromiya, Amhara e SNNPR.

Sendo um dos membros iniciais da CBRN-E, a AMRC ainda está a operar na cidade de Arba Minch e nas zonas circundantes das SNNPRS. Nesta fase do seu início, a RBC como estratégia inclui a deteção precoce, a intervenção precoce, a reabilitação, o encaminhamento, a igualdade de oportunidades, a integração de pessoas com deficiência e a prevenção de doenças e deficiências através da participação da comunidade e da educação.

A aplicação prática da RBC é diferente de um país para outro e precisa de ser expressa de forma diferente, uma vez que existem diferentes contextos culturais, sociais, económicos e políticos. Tendo este ponto em mente, o autor tenta discutir as experiências e as melhores práticas do programa de RBC da AMRC no contexto do Sul da Etiópia.

---

[27] Ibid.,p.5
[28] Ibid.,p.6
[29] Rede de Reabilitação com Base na Comunidade - Etiópia A Voz da Rede de RBC (2003).P.8

Capítulo 4. Antecedentes do programa RBC da AMRC

A AMRC é uma organização de beneficência residente na Etiópia que tem vindo a desenvolver o seu programa de RBC em cinco zonas da SNNPR de 1996 a 2012. Foi novamente registada com o número de registo 0725 na Agência das Sociedades e Caridades do Ministério da Justiça da Etiópia em 2009 e implementou com êxito o seu programa planeado, incluindo a RBC, que inclui educação inclusiva, meios de subsistência, saúde, reabilitação física, social e capacitação. No entanto, após o final de dezembro de 2012, mudou o seu estatuto de Organização de Beneficência dos Residentes Etíopes para organização governamental e está a operar as suas actividades planeadas no âmbito da SNNPR AoLSA com um orçamento anual atribuído para o programa, projectos de capital e custos de administração, enquanto o seu projeto de RBC e o fornecimento de próteses e cadeiras de rodas são principalmente apoiados financeiramente pela LIGHT FOR THE WORLD e pelo CICV, respetivamente.

A ideia inicial do programa de RBC da AMRC partiu da Missão Católica em 1992 e tornou-se operacional em 1996. Entre 1992 e 1996, foi efectuado um inquérito casa a casa na cidade de Arba Minch e nas áreas circundantes, a fim de identificar as pessoas com deficiência. Em 1996, foram seleccionados e formados cinco trabalhadores de RBC para realizarem visitas domiciliárias e transferirem conhecimentos e competências para os clientes com deficiência e suas famílias. Atualmente, a AMRC é a única organização governamental que presta serviços de saúde, educação, sociais, de subsistência e de capacitação, para além de serviços de próteses, ortóteses, fisioterapia e cadeiras de rodas para as pessoas com deficiência mais necessitadas, de forma coordenada, utilizando a estratégia de RBC no sul da Etiópia, e esforça-se por mudar a vida das pessoas com deficiência.

O programa de RBC da AMRC tem por objetivo assegurar a melhoria de vida das pessoas com deficiência através da prestação de serviços de qualidade e da integração da deficiência em todos os programas de desenvolvimento de uma forma sustentável. No que respeita à educação, a AMRC esforça-se por promover uma educação inclusiva para todos, independentemente do sexo, deficiência, religião, origem ética, língua, idade, etc.

A principal estratégia da AMRC é a RBC, que está a ser posta em prática de preferência utilizando abordagens baseadas nos direitos e em duas vias. No âmbito da estratégia de RBC, os princípios orientadores do centro baseiam-se na Convenção das Nações Unidas sobre os Direitos da Criança, na Convenção sobre os Direitos das Pessoas com Deficiência e na educação de qualidade para todos. Ao mesmo tempo, a sua estratégia de educação centra-se na promoção de ambientes de aprendizagem inclusivos, saudáveis, seguros e amigos das crianças, na melhoria das competências dos professores, na criação de aulas culturalmente relevantes e sensíveis ao género e na oferta de formação em competências essenciais para a vida.

De acordo com os seus princípios orientadores, a AMRC acredita que todas as crianças, incluindo as crianças com necessidades educativas especiais, têm o direito de obter uma educação de qualidade num ambiente inclusivo no seu bairro. Assim, é necessário melhorar a equidade e a qualidade da educação para as crianças com necessidades educativas especiais a todos os níveis, incluindo a educação de crianças cegas e com deficiência visual no país.

Capítulo 5. Experiências e Práticas do Programa de RBC da AMRC

5.1. Em casa

5.1.1. Cuidados e reabilitação ao domicílio

O programa de RBC começa com os cuidados e a reabilitação no domicílio, que se revestem de uma importância fundamental para as crianças com deficiência e as suas famílias. As directrizes da RBC afirmam que "os cuidados e a aprendizagem na primeira infância começam em casa, pelo que o envolvimento da família é essencial. Os pais desempenham um papel crucial nos primeiros anos, em particular as mães, que podem influenciar o desenvolvimento dos seus filhos através das suas atitudes e comportamentos, por exemplo, amamentando e passando tempo a estimular e a brincar com os seus filhos.[30] A promoção de actividades em casa é uma parte essencial do programa de RBC. Mais uma vez, a Diretriz de RBC indica que: "A criação de um ambiente de aprendizagem de apoio para as crianças em casa é uma atividade fundamental para os programas de RBC. A inclusão na família é promovida através do desenvolvimento da confiança e das competências e da facilitação da estimulação precoce da criança.As actividades sugeridas para o pessoal da RBC incluem o seguinte: encorajar os pais a envolverem os seus filhos na aprendizagem baseada em actividades de forma criativa e animada; mostrar como os objectos do quotidiano encontrados em casa e no ambiente local podem ser usados para brincar e como o equipamento de brincar pode ser feito; mostrar como os dispositivos de assistência, tais como assentos e auxiliares de mobilidade, podem ser feitos pelos membros da família usando materiais locais." [31] Existem várias oportunidades a nível comunitário para a educação infantil, e as directrizes de RBC explicam ainda que: "Existem diferentes tipos de oportunidades de educação infantil na comunidade, por exemplo, grupos de jogos, centros de dia, grupos de mães e filhos e grupos de autoajuda de mães com cuidados infantis. Incentivar as famílias a permitirem que as crianças brinquem fora de casa, com o apoio de cadeiras especiais ou dispositivos de assistência, se necessário, que a comunidade pode ajudar a desenvolver; incentivar as crianças com e sem deficiência a brincarem juntas - a aprendizagem mútua entre irmãos e entre crianças da vizinhança é importante e útil; e envolver a comunidade local para tornar o ambiente mais acessível e acolhedor, incluindo o pré-escolar e o parque infantil local".[32]

Uma questão muito importante no programa de RBC é a identificação de CWD e a realização de uma intervenção através de visitas domiciliárias. A publicação da Agência Europeia para as Necessidades Especiais e a Educação Inclusiva refere que "o

---

[30]Reabilitação baseada na comunidade: Directrizes de RBC, Componente de Educação, OMS, UNESCO, OIT, DDC. p.18
[31] Ibid.,P.19
[32] Ibid.,P.20

termo 'o mais cedo possível' diz respeito, em primeiro lugar, à intervenção numa fase precoce da vida da criança, abrangendo também muitos outros elementos relevantes, tais como: intervir logo que a necessidade seja detectada; efetuar uma avaliação precoce; prestar o apoio necessário o mais cedo possível".[33] Para levar a cabo estas tarefas de forma eficaz, são necessários trabalhadores de RBC com formação, profissionais no terreno e também uma colaboração significativa e o empenhamento dos pais das crianças vítimas de violência infantil, dos administradores das aldeias, dos líderes comunitários e religiosos influentes e dos responsáveis pela proteção de dados. Susan J. Peters relata que "encontrar, identificar e encorajar as crianças a irem à escola tem sido outro desafio crítico. Os programas que combinam a educação dos pais e a sensibilização da comunidade com estratégias de procura de crianças têm tido mais êxito". [34] O relatório cita ainda o trabalho de O'Toole, B. (1994) em que "Na Guiana, os voluntários de um programa local de RBC formaram um Comité de Saúde da Aldeia e realizaram um inquérito conjunto a 4.500 pessoas da aldeia. O inquérito identificou as crianças que necessitavam de serviços e os pais que realizaram o inquérito ajudaram a encorajar os pais a enviar os seus filhos para os serviços. "[35] Por exemplo, a AMRC efectuou inquéritos domiciliários em diferentes aldeias por trabalhadores de RBC formados em colaboração com os pais de crianças com deficiência intelectual, administradores de aldeias, representantes de OPD e instituições religiosas. Entre as aldeias que estavam a ser estudadas, as aldeias com maior prevalência foram seleccionadas como locais de RBC. Os clientes necessitados foram seleccionados para receberem cuidados e reabilitação ao domicílio, em colaboração com os pais das vítimas de CWD. Esta seleção foi confirmada através da visita do cliente a uma das instituições de saúde da sua vizinhança para conhecer o seu estado de saúde logo no início.

Em cada aldeia selecionada, pelo menos onze crianças com deficiência são tratadas pelo respetivo trabalhador de RBC no seu período inicial. O documento de Normas de Serviço de RBC incentiva a implementação dos serviços de reabilitação a serem efectuados em casa. Neste sentido, os técnicos de RBC estão a trabalhar em estreita colaboração com as crianças com deficiência e os seus pais, e com o apoio técnico dos seus supervisores imediatos. O serviço de reabilitação que é prestado a cada criança baseia-se no plano de reabilitação individual; um plano concebido e implementado conjuntamente pelo trabalhador de RBC e pelos pais da criança. É através deste plano que o trabalhador de RBC se esforça por criar uma oportunidade para transferir as

---

[33] Agência Europeia para as Necessidades Especiais e a Educação Inclusiva (2014). Cinco mensagens para a educação inclusiva: passar da teoria à prática, Odense, Dinamarca, p. 8.

[34] Susan J. Peters (2004), Educação Inclusiva: Uma estratégia de EPT para todas as crianças, Relatório (2004), Banco Mundial.PP.15- 16

[35] Susan J. Peters (2004).Inclusive Education: An EFA Strategy for All Children, Relatório, Banco Mundial. P.16.

competências de reabilitação do centro para os pais individuais e desenvolver as suas capacidades ao nível dos agregados familiares. Igualmente importante é a questão do envolvimento da comunidade na criação de um impacto duradouro na vida das crianças com deficiência intelectual.

Há provas de que as pessoas com deficiência intelectual provenientes de famílias instruídas têm mais probabilidades de beneficiar dos cuidados e da reabilitação no domicílio do que as pessoas com deficiência intelectual provenientes de famílias sem instrução. Assim, os membros da família dos clientes-alvo que são adultos e analfabetos foram incluídos no programa de educação de adultos do governo. O programa de educação de adultos do governo dedica-se à formação de adultos analfabetos sobre conceitos básicos de desenvolvimento numa base prática. Este programa tem lugar em cada centro de formação da aldeia e está próximo de todas as pessoas necessitadas. Mais importante ainda, após a formação, os formandos podem ler e escrever por si próprios e, mais provavelmente, ajudar os seus filhos a ler e escrever em casa.

Para facilitar o programa, os trabalhadores de RBC são recrutados na sua área de serviço, onde estão familiarizados com a cultura, a língua, as normas e os estilos de vida da comunidade. São seleccionados com o envolvimento da comunidade. O estudo realizado por Putt et al 2013; Simwaka et al 2012; e Smith et al 2007 como citado por Maryse Catelijne Kok (2015) relata que: "A comunidade de origem do trabalhador de extensão de saúde é outro fator que pode estar associado ao desempenho do trabalhador de extensão de saúde. Os extensionistas de saúde que provêm da comunidade que estão a servir são considerados como tendo mais confiança nessa comunidade, o que pode influenciar o seu desempenho."[36] Os desafios topográficos e a necessidade de percorrer grandes distâncias dificultaram o desempenho dos extensionistas de saúde e dos trabalhadores de RBC. A estrutura comunitária que foi estabelecida pelo governo ao nível da aldeia teve um impacto positivo no desempenho dos extensionistas de saúde e dos trabalhadores de RBC. A este respeito, Maryse Catelijne Kok (2015) refere que: "As famílias modelo tornam-se líderes de um grupo de cinco famílias conhecido como a 'rede um-para-um-cinco', que por sua vez formam um 'grupo de desenvolvimento' de 25 a 30 agregados familiares dentro de uma aldeia."[37] Esta estrutura também funciona para que os trabalhadores de RBC obtenham facilmente informações sobre as vítimas de violência doméstica e os seus pais, para além de obterem o apoio e a colaboração necessários para a reabilitação das vítimas de violência doméstica nas suas casas. O trabalhador de RBC fornece aos CWDs educação básica e serviços de reabilitação duas

---

[36] Putt et al.2013;Simwaka et al.2012;Smith et al.2007, tal como referido por K.Maryse Catelijne(2015).Performance of Community Health Workers .P.92

[37] K.Maryse Catelijne(2015).Desempenho dos Agentes Comunitários de Saúde ,P.92

vezes por semana durante uma hora em cada visita. A presença e a participação dos membros da família durante o tempo de formação são apreciadas e o número de participantes depende da situação familiar específica. Tal como se afirma no Padrão de Serviço de RBC 2 "O processo de reabilitação deve ser efectuado em parceria igualitária entre o cliente, o tutor e o trabalhador de RBC. Assim sendo, deve ser preparado um acordo escrito (carta de compromisso) entre o cliente e o tutor, por um lado, e o projeto de RBC, por outro."[38] Assim, esta aprendizagem conjunta facilita a integração da criança com os vizinhos. Além disso, este tipo de planeamento e implementação conjuntos parece ajudar a uma eliminação gradual suave ao nível de cada criança.

A experiência mostra que quando uma criança com deficiência aprende com sucesso na presença da sua família, é muito mais provável que os membros da família tenham atitudes positivas e de apoio em relação ao potencial da sua criança, o que melhora a capacidade da família para cuidar da sua criança. Isso parece ajudar a aumentar a compreensão das pessoas sobre a deficiência e a reduzir o estigma associado a ela. Mais uma vez, a prestação do serviço de reabilitação ao nível do domicílio da criança tem um impacto positivo na utilização dos recursos disponíveis ao nível da base - ao nível da família e da comunidade. Os técnicos de RBC utilizam materiais disponíveis localmente de forma inovadora no ensino da linguagem gestual, na preparação de barras paralelas locais e na realização de jogos de estimulação.

Devido ao aumento do número de crianças-alvo, foi também desenvolvida uma estratégia de reabilitação para servir o número crescente de clientes, incluindo as crianças com deficiência crónica em acompanhamento e em lista de espera em cada aldeia. O sistema é concebido de forma a reunir as crianças com os mesmos tipos de deficiência no mesmo grupo, abrindo uma sala para discutir as suas preocupações comuns num grupo de mães de CWDs. As suas preocupações comuns incluem, por exemplo, as causas e os métodos de prevenção da deficiência, os meios de reabilitação das CWDs e a criação de acesso à educação e à saúde para os seus filhos.

Quando a criança com deficiência se torna cliente da RBC, é-lhe prestado um serviço de reabilitação multidimensional. A Norma 5 da RBC-E refere que "O trabalhador da RBC, o cliente e o tutor aderem ao fluxo de trabalho em parceria e reciprocidade com as instituições de referência relevantes até que o período de reabilitação determinado esteja concluído, conforme indicado na carta de compromisso antes da entrada no serviço".[39] Por diferentes razões, é a fase em que as vítimas de violência doméstica se familiarizam com as competências básicas de aprendizagem. É evidente que o lar é a primeira escola para cada criança por diferentes razões; e os pais são os primeiros

---

[38] Rede de Reabilitação com Base na Comunidade - Etiópia (2004). P.15
[39] Rede de Reabilitação de Base Comunitária - Etiópia (2004).P.18

professores dos seus filhos; o lar é o centro da nossa vida quotidiana.

5.1.2. Actividades da vida diária

Holton J. Kirk (1988:102) divide as actividades da vida diária em três. São elas: competências de cuidados pessoais, competências domésticas e competências culinárias. É um facto que as crianças com visão aprendem a maior parte destas competências observando outras pessoas à sua volta e praticando-as sozinhas ou com o apoio dos seus amigos e familiares. De acordo com J. Kirk Holton, as seguintes actividades fazem parte das competências de autocuidado: "Vestir-se, comer, escovar os dentes, cuidar do cabelo, maquilhagem, tomar banho, necessidades e utilização da casa de banho, identificação e gestão do dinheiro, menstruação, cuidados e identificação da roupa, cuidados com as unhas, cuidados de saúde, barbear e medicamentos."[40] Mais uma vez, J. Kirk Holton enumera as actividades que se inserem no âmbito das competências domésticas: "Varrer e passar a esfregona, limpar o pó, fazer a cama, lavar as janelas, varrer e limpar o quintal, alimentar os animais, limpar a casa, lavar, secar, dobrar e passar a ferro a roupa, identificar a roupa, costurar, engraxar os sapatos, lavar e secar a louça, deitar água".[41] Por último, J. Kirk Holton enumera as competências culinárias da seguinte forma: "comercializar, limpar e descascar frutas e legumes, identificar alimentos frescos, acender o fogão, cortar alimentos ao lume, colocar tachos e panelas no fogão aceso, utilizar aparelhos eléctricos, preparar alimentos simples, identificar quando os alimentos estão cozinhados, utilizar facas com segurança, medir especiarias, etc.". [42] É importante referir que estas competências não estão incluídas no currículo escolar e que a responsabilidade de dotar estas crianças destas competências cabe às famílias das crianças e ao trabalhador de RBC.

É importante saber que as crianças com visão aprendem competências sociais observando e ouvindo os outros no seu ambiente. Devido à perda de visão que afecta a sua capacidade de beneficiar da observação de muitos tipos de interacções, a socialização das crianças cegas e com deficiência visual seria limitada. Estas crianças devem estar física, mental e emocionalmente preparadas para aprender e utilizar as suas capacidades. Assim, as suas aptidões para a vida autónoma incluem as seguintes, como claramente discutido e relatado por Rose-Marie Swallow e Kathleen Mary Huebner (1987): "Comer (alimentação com os dedos, movimentos básicos de mastigação, aspectos sociais da hora da refeição, uso da colher, etc.), ir à casa de banho (usar linguagem, técnicas e procedimentos consistentes, etc.), vestir e despir (tirar sapatos ou meias na altura certa, como organizar a roupa, atar sapatos, abotoar e fechar, etc.), desenvolvimento motor (equilíbrio, postura, marcha e passo, integração dos

---

[40] Holton ,J.K.(1988).Education ofvisually impaired pupils in ordinary school.P.102
[41] Holton ,J.K.(1988).Education ofvisually impaired pupils in ordinary school.P.105
[42] Ibid.,PP.105-106

movimentos do corpo), aprender a ser independente (encontrar o pai e a mãe, (encontrar o pai e a mãe, brincar com eles, arrumar a roupa, tarefas domésticas, etc.), higiene e cuidados pessoais (cuidados com as mãos e o rosto, cuidados com o cabelo, cuidados dentários, cuidados com as unhas, tomar banho de forma autónoma, cuidados com a pele, etc.), escolha e cuidados com o vestuário (normas e códigos de vestuário, limpeza e ausência de rasgões e manchas, estilo, escolha do vestuário, cuidados com o vestuário, etc.), comportamento socialmente adequado, autoestima, gestão doméstica, comunicação, educação sexual, etc."[43]

5.1.3. Orientação e Mobilidade

A formação em orientação e mobilidade é uma das áreas de formação que tem lugar em casa e nos seus arredores para crianças cegas e com deficiência visual e seus pais. É o trabalhador de RBC que assume esta responsabilidade na formação e/ou educação de uma criança cega e/ou com deficiência visual. Vários estudos, incluindo manuais e guias de formação em orientação e mobilidade, descrevem as seguintes actividades a realizar durante o período de cuidados e reabilitação em casa.

- ✓ Se a criança tiver menos de sete anos, o técnico de RBC dá mais atenção à orientação nas actividades de vida diária, mas depois dos sete anos de idade a mobilidade começa a passar de fácil a complexa, passo a passo,

- ✓ Estimular a criança a conhecer as diferentes coisas que a rodeiam através do tato, da degustação, da audição e da utilização de outros órgãos dos sentidos ao nível da sua idade,

- ✓ Sensibilização da comunidade, com especial incidência na criança e na sua família, para que aceitem a deficiência, conheçam os talentos das crianças cegas e se integrem em todas as actividades diárias, na medida do possível,

- ✓ Apoiá-lo(a) em todos os aspectos de uma atividade do seu interesse e ajudá-lo(a) a ser independente,

- ✓ Começa por ensinar a criança a levantar-se do sítio onde se sentou e a sentar-se,

- ✓ Orientar a pessoa para os utensílios domésticos, para a cama, para a roupa,

- ✓ Ensinar-lhe a direção (Norte, Oeste, Sul, Este)

- ✓ Ensine-o a proteger-se,

- ✓ A orientação não deve ser apenas verbal, mas deve ser apoiada pela utilização e prática dos seus sentidos, como o tato, o olfato, o paladar e a audição,

- ✓ Para o orientar sobre o que se passa quando está em casa,

---

[43] Rose-Marie Swallow e Kathleen Mary Huebner, (editores) (1987).How to thrive ,not just survive :A Guide to developing Independent Life Skills for Blind and Visually Impaired Children and Youths.PP6-46

✓ Realizar a formação no seu ambiente natural.

O treino da mobilidade é apoiado pela orientação e, com uma boa orientação, a criança tem espaço para se ajustar e aprender a mobilidade de uma forma melhor. A criança é moldada de uma forma melhor ou pior, dependendo da forma como o trabalhador de RBC a orienta. Além disso, por vezes, aqueles que foram cegos de nascença e aqueles que ficaram cegos após o nascimento não têm o mesmo desempenho. Por isso, deve ser dada atenção aos que ficaram cegos de nascença. Na prática, os que ficaram cegos de nascença levam mais tempo e orientação na formação porque nunca viram como é este mundo e as coisas dentro dele.

Quando o trabalhador de RBC planeia realizar o treino de mobilidade, começa primeiro em casa e depois começa a movimentar-se no complexo. Na prática, o treino de mobilidade começa em casa e, depois de o compreenderem bem na prática, o técnico de RBC e o cliente decidem deslocar-se no complexo com ou sem bengala, consoante o treino e o interesse da criança. Após visitas e exercícios frequentes, a criança desenvolve confiança e tenta deslocar-se de forma autónoma em casa e/ou no complexo. Depois, passo a passo, tenta ir ter com os vizinhos para brincar com os colegas, para levar materiais quando lhe é pedido que o faça. Assim, o trabalhador de RBC equipa as crianças cegas com técnicas de bengala para que elas possam gerir-se a si próprias de forma independente. A idade das crianças é importante no processo de ensino e aprendizagem. Assim, os técnicos de RBC ensinam mais orientação do que mobilidade às crianças (cegas) com menos de sete anos.

Além disso, o técnico de reabilitação da comunidade é responsável por treinar a criança a cuidar de si própria em toda a sua vida e a proteger-se do perigo. Além disso, a criança é treinada para captar, tanto quanto possível, informações do meio envolvente que a possam ajudar na vida quotidiana através de outros órgãos dos sentidos. A criança é orientada no sentido de se manter limpa, de modo a que a roupa, os sapatos, o cabelo, os vestidos, os dedos, as mãos, os pés, os olhos e, em geral, todas as partes do seu corpo tenham um aspeto limpo e suficientemente atraente, bem como no sentido de cuidar do cabelo, dos dentes, do nariz e das unhas.

De acordo com o CBRN-E CBRSS, existem boas experiências na transferência de uma criança de uma fase para outra com base no desempenho da criança. Por isso, o documento indica que "o processo de reabilitação está sujeito a acompanhamento e saída quando a capacidade de carreira dos tutores e dos clientes em relação aos serviços de RBC atinge um nível aceitável a qualquer momento dentro do período de reabilitação determinado".[44] A equipa de RBC e as famílias da criança elaboram um plano para avaliar conjuntamente se a criança atingiu ou não o nível de melhoria

---

esperado e, em seguida, decidem, por consenso mútuo, transferir ou não a criança para o acompanhamento ou saída.

Depois de adquirir as competências e os conhecimentos básicos em matéria de AVD, orientação e mobilidade, e vida autónoma, a criança está pronta para ingressar na classe O ou na escola pré-primária perto de casa. É muito vantajoso para as crianças com deficiência intelectual o facto de a maior parte das classes O se encontrarem no recinto da escola primária, de acordo com a estratégia definida pelo Ministério da Educação. Relativamente às escolas e centros pré-primários, o Relatório do Sistema de Informação de Gestão da Educação da SNNPR[45] indica que existem 11.712 escolas e centros pré-primários na região e, destes, 3.334 encontram-se nas zonas de captação do programa de RBC da AMRC, que são propriedade do governo e de outras organizações e comunidades diferentes no ano de 2016/2017.

5.1.4. Literacia em Braille

O sistema Braille é um método de escrita tátil universalmente utilizado pelos cegos. Batizado com o nome do seu inventor, Louis Braille, utiliza um grupo de pontos para representar letras e números impressos. A "célula Braille" básica do sistema consiste em seis pontos agrupados em duas colunas verticais de três pontos cada. Para maior comodidade, os pontos da primeira coluna são numerados de um a três e os da segunda, de quatro a seis. A escrita Braille é efectuada manualmente, com a ajuda de estiletes e da respectiva ardósia, que é uma placa de plástico ou de metal com várias linhas de células Braille, e mecanicamente, com a ajuda de um gravador Braille.[46] Dependendo do interesse dos pais da criança e da existência de escolas e centros pré-primários nas proximidades, ela pode começar a contar e a brincar com os colegas. Quando a criança cresce, o trabalhador da RBC inicia a alfabetização em Braille, passo a passo, a fim de a sensibilizar para a escrita e a leitura básicas em Braille. Além disso, procura escolas especiais e/ou unidades de ensino especial nas proximidades, para que a criança possa frequentar as aulas, preparando-a para o ensino regular. É uma base para ela.

No período de formação pré-Braille, o trabalhador de RBC dá atenção ao treino sensorial e orienta as formas e tamanhos dos materiais, faz com que pratiquem o toque em diferentes utensílios e identifiquem uns dos outros. J. Kirk Horton (1988) indica que "o treino sensorial é o treino dos sentidos remanescentes. Uma criança com deficiência visual não tem automaticamente um melhor sentido do tato, da audição, do olfato ou do paladar. A criança tem de ser treinada para utilizar estes sentidos o melhor possível. Esta seleção incluirá o treino sensorial da audição, do tato, do olfato e do paladar e da visão residual".[47] Em casa, os pais e o técnico de RBC são responsáveis

---

[45] SNNPR Education Bureau Management Information System (2017).P.I. (Os dados de Konso não foram comunicados no ano)
[46] The Canadian Braille Authority, A Brief History about Braille, 1999-2009...
[47] J. Kirk Horton (1998) Educação de alunos com deficiência visual na escola normal. Guia para a educação especial NO.6.P.23.

pela realização conjunta destas acções de formação e, por vezes, também são responsáveis por mostrar à criança os materiais reais e deixar que ela toque com as mãos para identificar uns dos outros, bem como pela preparação de materiais didácticos para que ela possa captar facilmente o conceito. "É através do sentido do tato que a criança com deficiência visual adquire um conhecimento concreto e exato do mundo que a rodeia. Só sentindo e explorando tatilmente os objectos é que a criança pode obter informações realistas sobre a sua forma, tamanho, peso, dureza, qualidades da superfície e temperaturas. Se uma criança ouve a descrição de um cão mas nunca toca e explora tatilmente um cão, pode não ter uma ideia exacta de como é um cão."[48]

5.2. No ambiente escolar

"O ensino primário deve ser inclusivo e acessível a todos. Nenhum prestador de ensino público pode discriminar com base no género, etnia, língua, religião, opinião, deficiência ou estatuto social e económico." [49] De acordo com o Relatório de Monitorização da EPT (2010), quarenta milhões dos 115 milhões de crianças que não frequentam a escola têm uma deficiência, pelo que um terço de todos os que não frequentam a escola são crianças com deficiência. Por conseguinte, as crianças com deficiência constituem a maior e mais desfavorecida minoria do mundo. Além disso, as crianças com deficiência têm menos probabilidades de frequentar a escola, pelo que as suas oportunidades de formação de capital humano são limitadas e as suas oportunidades de emprego e produtividade na idade adulta são reduzidas. A Sense International India refere que "a maioria das escolas especiais na Índia serve crianças com uma única deficiência, como a cegueira ou a surdez; as crianças com deficiências múltiplas são frequentemente deixadas de fora".[50]

A experiência em muitos países, incluindo a Etiópia, demonstra que a integração de crianças e jovens com necessidades educativas especiais é melhor conseguida em escolas inclusivas que servem todas as crianças de uma comunidade. O autor considerou importante discutir o que significa realmente 'Inclusão'? Parece haver muita confusão e desinformação sobre o que significa realmente a inclusão. Henry M. Levin (1999) afirma que "a inclusão não deve ser vista como um complemento de uma escola convencional. Deve ser vista como intrínseca à missão, à filosofia, aos valores, às práticas e às actividades da escola... a inclusão plena deve estar profundamente enraizada na própria fundação da escola, nas suas missões, nos seus sistemas de crenças e nas suas actividades diárias, em vez de ser um apêndice que é acrescentado a uma escola convencional".[51] É novamente interessante ver como a Sense International India

---

[48] Ibid ,,P.28.

[49] Educação para todos até 2015. Será que vamos conseguir? Relatório de acompanhamento global da Educação para Todos 2008. Paris, UNESCO, 2007, p. 5.

[50] Sense International India ,Também disponível em www.senseintindia.org

[51] H. Levin (1997).Doing What comes Naturally: Full Inclusion in Accelerated Schools ,P.39

define o termo Inclusão: É um termo que exprime o compromisso de educar cada criança, na medida do possível, na escola e na sala de aula que ela frequentaria. Implica trazer os serviços de apoio à criança, em vez de deslocar a criança para os serviços, e exige apenas que a criança beneficie do facto de estar na turma".[52] Para além disso, define ainda a inclusão total da seguinte forma: "A inclusão total significa que todos os alunos, independentemente das condições de deficiência ou da sua gravidade, estarão numa sala de aula/programa regular a tempo inteiro. Todos os serviços devem ser prestados à criança nesse contexto."[53] Mais uma vez, o Quadro de Ação de Salamanca, 1994, define a Escola Inclusiva da seguinte forma: "O princípio fundamental da escola inclusiva é que todas as crianças devem aprender juntas, sempre que possível, independentemente de quaisquer dificuldades que tenham. A escola inclusiva deve reconhecer e responder às diversas necessidades dos seus alunos, adaptando-se aos diferentes estilos e ritmos de aprendizagem e assegurando uma educação de qualidade para todos através de currículos adequados, disposições organizacionais/estratégias de ensino, utilização de recursos e parcerias com as suas comunidades.

Do ponto de vista da escola inclusiva e da educação inclusiva, é necessário identificar as CWDs através de um inquérito casa a casa, de modo a incluir a criança no programa de RBC e, em seguida, dar a oportunidade de escolarização passo a passo. Por exemplo, o relatório do inquérito casa a casa da AMRC (2006)[54] indica que 4.470 pessoas (2.176 do sexo feminino) têm diferentes tipos de deficiência. Do número total registado, 909 (279 do sexo feminino) são cegos e amblíopes, o que representa 20,3%, o que não deve ser desvalorizado.

Depois de identificadas as CWD, estas crianças tiveram a oportunidade de ser incluídas no programa de RBC existente e de receber cuidados domiciliários e serviços de reabilitação, incluindo escrita e leitura em Braille, O&M, higiene pessoal, saneamento ambiental e AVD, consecutivamente, durante três anos. As crianças cegas e com deficiência visual tornam-se capazes de ler e escrever em Braille e de usar a bengala para andar. Na altura em que estas crianças estavam prontas para entrar para a escola, o programa de RBC enfrentou desafios na prestação de cuidados adequados e no apoio ao acesso aos serviços educativos. A dificuldade tornou-se mais forte e séria quando se trata de crianças cegas, surdas e com deficiências intelectuais. Por conseguinte, a procura de mais oportunidades de acesso a um melhor serviço educativo era a questão mais importante da altura. Além disso, a atitude negativa profundamente enraizada na comunidade em relação à deficiência e à inacessibilidade das instalações para abordar a educação de crianças cegas e com deficiência visual revelou-se um desafio, uma vez

---

[52] Sense International India ,Também disponível em www.senseintindia.org
[53] Sense International India ,Também disponível em www.senseintindia.org
[54] Relatório do inquérito casa a casa do Centro de Reabilitação de Arba Minch (2006). Arba Minch.P.10

que tanto as escolas especiais como as unidades/classes de ensino especial não estavam disponíveis na área de intervenção do programa de RBC.

Para minimizar os desafios enfrentados pelas CWDs, por um lado, e para promover o direito à educação destes grupos de crianças, por outro, o centro assumiu a parte de leão na criação de uma unidade de ensino especial na Escola Primária de Siqella, na cidade de Arba Minch, pela primeira vez na sua história. Mas não foi possível disponibilizar unidades de ensino especial para outros CWDS nos seus próprios bairros. Em vez disso, os CWD foram transferidos para o Siqella SEU, para os internatos especiais para cegos de Shashamane e Otona, para o internato especial para surdos de Hosanna e para a escola especial para surdos de Alpha, em Adis Abeba. Assim, o centro cobriu o transporte, o alojamento, a alimentação, os uniformes e as propinas de mais de dezanove alunos durante três anos consecutivos.

Embora a responsabilidade de acompanhar o estado de educação, o estado de saúde, o desempenho académico e a situação de vida dos alunos recaia sobre o centro e os pais dos CWDs, na prática era difícil acompanhar o desempenho diário dos alunos, uma vez que as escolas especiais/internato ficavam longe de Arba Minch e das áreas residenciais dos pais. Como os alunos eram novos no ambiente em que frequentavam as aulas, foram expostos a uma nova língua, cultura e normas de vida, o que trouxe uma série de dificuldades. Por exemplo, foram expostos a doenças domésticas, violência sexual, nova cultura e normas de vida, baixo desempenho académico, até mesmo abandono escolar, e alguns dos alunos desenvolveram comportamentos indesejados. Em relação a isto, Huib Comielje e Evert Veldman (2011) indicam que "na Etiópia, havia exemplos de crianças que viviam sozinhas, sendo necessário criar redes de proteção para as crianças através das escolas, ou disponibilizar a escolaridade para as crianças nos seus próprios bairros. O mesmo estudo refere ainda que o ensino para crianças com necessidades especiais pode estar longe da família da criança. Viver com familiares, em colégios internos ou na rua aumenta a vulnerabilidade das crianças à violência".[55]

Devido a esta e a outras razões, o centro reviu a estratégia de patrocínio dos alunos e decidiu finalmente criar mais dezasseis unidades/turmas de ensino especial nas escolas primárias regulares do governo no próprio bairro da CWD, em consulta com os pais dos alunos e as principais partes interessadas, o que foi possível fazer como planeado: Siqella, Chare, Sawula, Chamo e Bulki na zona de Gamo Gafa, Karat (Konso), Ediget (Derashe), Qera e Metshir (South Omo), Tebela, Ligaba, Boditi Ediget, Shanto e Adde Charaqe na zona de Wolaita, Sore, Waka e Gozo Bamush na zona de Dawuro. Por último, foi celebrado um acordo com os serviços governamentais de educação e foi

---

[55] Huib Comielje e Evert Veldman (2011).The Dream of Inclusion for All, Powerful CBR training materials.P.117.

assinado um memorando de entendimento entre a AMRC e os directores das escolas em causa e os departamentos/gabinetes de educação das administrações distritais/cidades.

Os deveres e as responsabilidades de ambas as partes estão claramente definidos nos documentos e o centro assumiu a responsabilidade de realizar formação para professores seleccionados, de fornecer materiais didácticos adaptados e dispositivos de assistência, de fornecer apoio técnico e material para os clubes de crianças da escola e de fornecer apoio financeiro para adaptar o ambiente físico da escola, e de promover um ambiente escolar acolhedor e inclusivo através de um programa de sensibilização nas escolas utilizando os mini-meios de comunicação da escola. Além disso, o centro estabeleceu uma forte rede de contactos entre o programa de RBC e as respectivas escolas, de modo a incluir os excluídos no sistema educativo. No entanto, o centro não tinha qualquer responsabilidade em questões relacionadas com a construção de escolas/salas de aula e a manutenção das escolas e/ou unidades, nem no pagamento dos salários dos professores. Estas actividades foram deixadas aos órgãos governamentais competentes, ao conselho de educação e formação das escolas e à respectiva comunidade.

Os professores seleccionados das respectivas escolas receberam formação em educação inclusiva, leitura e escrita em Braille, linguagem gestual e orientação e mobilidade, a fim de iniciarem unidades/turmas de ensino especial na área de intervenção do programa de RBC. Por parte das escolas-alvo, foi assegurada a disponibilidade de professores, salas de aula com carteiras para os alunos, mesas para professores, quadros de giz e professores para o processo de ensino e aprendizagem. As crianças cegas e amblíopes, incluindo outras crianças com deficiência visual, que se encontravam sob cuidados domiciliários e reabilitação, depois de adquirirem os conhecimentos e as competências necessárias em matéria de leitura e escrita em Braille e de actividades de vida diária, foram transferidas para estas escolas através do apoio prestado pelos trabalhadores da RBC, pelos seus supervisores e pelos pais.

Os dados do programa de RBC da AMRC indicam que, entre 1996/1997 e 2015, foram criadas dezassete unidades/turmas de ensino especial em escolas primárias normais e mais de 655 CWDs frequentaram as suas aulas tanto em unidades/turmas de ensino especial como em contextos normais em cinco zonas da SNNPR, nomeadamente as zonas de Gamo Gofa, Wolaita, Segen, South Omo e Dawuro.

Uma vez que uma das estratégias da AMRC consiste em trabalhar lado a lado com as escolas primárias e secundárias do governo a nível das bases, este foi considerado um passo positivo para beneficiar os estudantes com deficiência. É óbvio que as escolas são as melhores instituições para realizar o desenvolvimento global das CWDs quando são disponibilizadas às crianças no seu próprio bairro. Esta situação criou um ambiente propício para os pais acompanharem a educação dos seus filhos.

Foi depois de iniciar as unidades/classes de ensino especial nas escolas primárias regulares do governo que o programa de ensino enfrentou uma série de outros desafios. Entre estes desafios, podem mencionar-se os seguintes: falta de materiais didácticos, desafios relacionados com o desenvolvimento fisiológico, físico e social, falta de bibliotecas e centros de recursos bem estabelecidos, falta de tratamento médico, falta de professores bem formados e qualificados em educação especial e em educação inclusiva, inacessibilidade física, falta de equipamento e de livros para crianças cegas em Braille ou em formato áudio, falta de materiais didácticos adaptados e de dispositivos de assistência.

Da mesma forma, muitos estudos realizados em áreas de educação de pessoas com deficiência em África destacam os desafios que os estudantes com deficiência, incluindo cegos e deficientes visuais, enfrentam. Estes incluem: inacessibilidade física, dificuldade em utilizar muitas escadas e elevadores, falta de sinais tácteis que os ajudem a encontrar o seu caminho. As informações de orientação eram inadequadas e só estavam disponíveis em versão impressa. Os assistentes de alunos não estão sensibilizados para os alunos cegos e sugerem que os alunos cegos que dependem de aulas gravadas em cassete precisam de tempo para preparar os seus ambientes, os professores que escrevem em transparências ou quadros de giz não lêem em voz alta o que escrevem, os alunos cegos não dispõem de informação oral que descreva coisas que os outros alunos conseguem ver, os alunos cegos não dispõem de manuais escolares em Braille ou em formato áudio, falta de rampas nas escolas que conduzam às salas de aula e às estradas, falta de centros de recursos e de acesso a materiais e equipamento lúdico.

Mais uma vez, Susan J. Peters (2004:15) relata ao enfatizar os contributos para a Educação Inclusiva como: '.... Para satisfazer a procura de Educação Especial, o acesso, a retenção e as taxas de abandono escolar têm sido um flagelo para os esforços nesta área. As questões de acesso são afectadas por factores a todos os níveis de contributos: aluno, escola, família/comunidade e nacional. Provavelmente, os factores mais influentes são os factores socioeconómicos e culturais no seio da família: necessidades económicas e de sobrevivência da família (por exemplo, as escolhas das mães entre mandar os filhos para a escola ou fazer com que os filhos trabalhem para gerar o rendimento necessário à sobrevivência da família), atitudes tradicionais da sociedade em relação à deficiência que podem envolver vergonha, culpa, subexpectativas e abrigo/patronização.[56]

Em relação ao papel dos professores na formação da atitude e da cultura da comunidade

---

[56]Susanj. Peters (2004),Inclusive Education :An EFAStrategyforAll ,World Bank.P.15

em relação à proteção da violência nas escolas, o estudo realizado por Huib Comielje e Evert Veldom[57] refere que "os professores desempenham um papel ativo na formação das atitudes e da cultura da comunidade. Se houver falta de sensibilização entre os professores, isso pode provocar reacções semelhantes às crianças com deficiência na comunidade em geral. Em muitas situações, os professores não dispõem dos recursos adequados para atender às necessidades especiais da criança (documentos em Braille, por exemplo). Sem os recursos adequados em termos de conhecimentos e materiais, a frequência de uma criança na escola pode aumentar a carga de trabalho dos professores. Nestas situações, os professores podem exprimir a sua frustração verbal ou física."

Mais uma vez, outro estudo realizado no Gana por Karimu (2015)[58] dá grande ênfase ao desenvolvimento fisiológico, físico e social das crianças, que tem um impacto direto no seu desenvolvimento global e nas suas fases de vida. No entanto, a conclusão bem sucedida de todas estas fases de desenvolvimento para as crianças cegas ou com visão parcial é, por vezes, um desafio em vários aspectos, devido à falta de serviços críticos adequados para apoiar os pais ou tutores e as próprias crianças. Uma dessas áreas críticas é a dos serviços de biblioteca para crianças cegas e amblíopes.

A maioria das escolas não tem meios para comprar equipamento e livros para as crianças cegas. Após uma avaliação da situação existente nas escolas, o centro forneceu gravadores e cassetes para os cegos, para que possam gravar as palestras dos professores na sala de aula para fins académicos. Outros equipamentos e livros necessários são fornecidos por organizações governamentais e não governamentais. No entanto, o número de materiais distribuídos foi inferior ao número de beneficiários que necessitavam desses materiais.

Para além do apoio material, as crianças com deficiência intelectual precisam de ser protegidas e de ver os seus direitos respeitados. Tal como referido em diferentes estudos, foram levantadas várias questões relacionadas com o apoio necessário à educação destas crianças. Num país como a Etiópia, onde a maioria das raparigas (68,5%) é abusada sexualmente e quase todas as raparigas são abusadas psicologicamente (100%) de uma forma ou de outra, em média oito em cada dez raparigas são abusadas fisicamente.[59] Há necessidade de apoio em termos de ajudas legais e financeiras, assistência médica e assistência pessoal para as raparigas estudantes cegas e com deficiência visual, tal como para as suas colegas sem deficiência. Mais uma vez, um outro estudo realizado por C.M.S. Mutisya, Kenya Institute for the Blind (2015)[60] relata que "para atingir todos os objectivos da educação,

---

[57] Huib Cornielje e Evert Veldman (2011): O sonho da inclusão para todos, materiais de formação em RBC poderosos, p. 117

[58] A.A.Karimu (2015), The Development of Library for Blind and partially Sighted Children in Africa, conforme relatado por 6th Africa Forum Beyond 2015:Delivering on the Agenda for Persons with Visual Impairment in Africa program,.P.51

[59] Violência contra as raparigas em África, um estudo retrospetivo na Etiópia, Quénia e Uganda.PP.9-10

[60] C.M.S. Mutisya (2015).Estimular o interesse dos professores pela leitura e escrita em Braille: MyStory. Instituto dos Cegos

é fundamental que os professores sejam bem formados, profissionalmente qualificados, valorizados e decentemente remunerados. Por conseguinte, para que os professores possam ensinar eficazmente os alunos cegos, devem aprender Braille. Um meio mais viável de o conseguir é incorporá-lo no seu currículo."

Ao sublinhar os desafios que se colocam continuamente nas escolas, a LIGHT FOR THE WORLD International (2009/2010) propôs medidas de mitigação que incluem a construção de edifícios escolares acessíveis, a formação de professores em educação especial e em necessidades educativas especiais, a criação de recursos e estruturas de apoio e a sensibilização das famílias, da comunidade e dos decisores para eliminar as barreiras sociais. A UNICEF (2012) afirma que "a conceção das instalações, dos materiais e dos equipamentos escolares é desenvolvida através do contributo da comunidade local, das OPD, dos pais, dos professores, das crianças e de outras partes interessadas. As acções destinadas a combater as atitudes negativas devem ser desenvolvidas em colaboração com as OPD, bem como com as crianças com deficiência e as suas famílias, e podem incluir campanhas de sensibilização do público, a promoção de uma atitude de respeito e a utilização de uma linguagem adequada".[61]

Assim, para minimizar os problemas existentes nas escolas, o centro realizou uma formação para professores seleccionados na área-alvo do projeto em conceitos, teorias e práticas de educação especial e educação inclusiva, leitura e escrita básicas em Braille, língua gestual, metodologia de ensino, preparação do plano educativo individual, gestão da sala de aula, preparação de materiais didácticos e fornecimento de dispositivos de assistência e apoio à adaptação do ambiente físico da escola.

Apesar do facto de as formações terem melhorado a capacidade e o nível de consciencialização dos professores seleccionados e dos principais intervenientes sobre as necessidades e potencialidades das PCDs para a educação, ainda existe uma lacuna na prática da educação inclusiva no seu sentido real. O autor não se atreve a julgar que a AMRC tenha mantido um sistema de educação inclusiva no seu programa, uma vez que as pessoas com deficiência intelectual são ignoradas nos programas governamentais de desenvolvimento geral, as barreiras atitudinais, ambientais e institucionais continuam a impedir as pessoas com deficiência intelectual de participarem nas suas actividades diárias, as escolas primárias e secundárias ainda não estão totalmente equipadas com professores formados e bem qualificados no SNE, os centros de recursos não estão totalmente estabelecidos e bem organizados em todas as escolas e as pessoas com deficiência intelectual e a maioria dos seus pais são os mais

do Quénia, conforme relatado por 6th Fórum África para além de 2015: Cumprindo a Agenda para Pessoas com Deficiência Visual em África, programa, P.28

[61] UNICEF(2O12).The Rights of Children With Disabilities to Education :A Rights-Based Approach to Inclusive Education ,Geneva.P64.

pobres dos pobres.

Embora tenham sido dadas pequenas formações a professores seleccionados nas escolas primárias da área-alvo do programa de RBC, a maioria dos professores do ensino regular não utiliza a língua gestual durante o ensino, não é capaz de escrever e ler em Braille e não prepara um plano educativo individual para as crianças carenciadas. Além disso, os livros de texto e os apontamentos não estão em Braille ou em formato áudio, exceto em muito poucas escolas primárias onde são recrutados poucos professores com formação em NEE e apenas nas que têm centros de recursos.

No entanto, a AMRC continuou a reforçar os esforços feitos pelas escolas-alvo na criação de um melhor acesso aos CWDs em termos de sensibilização de toda a comunidade escolar, formação de professores e directores seleccionados, criação de clubes escolares de criança para criança, apoio à adaptação do ambiente físico da escola, criação de um ambiente escolar acolhedor e inclusivo para as pessoas com deficiência, fornecimento de materiais didácticos adaptados e dispositivos de assistência, entre outros. O centro também abriu uma sala para professores para visitas de partilha de experiências nos seus locais de programas de RBC. Através dos apoios prestados, as escolas tentaram responder à crescente necessidade de crianças com necessidades especiais em todas as suas áreas-alvo de RBC. É importante mencionar que "O conceito de escolas amigas da criança, desenvolvido pela UNICEF, foi concebido para levar todas as crianças à escola, garantindo ao mesmo tempo a qualidade das oportunidades e resultados de aprendizagem e a proteção dos direitos das crianças nas escolas."[62]

Ao implementar actividades pertinentes à educação para necessidades especiais em escolas seleccionadas, o programa de RBC criou um ambiente propício à educação das crianças com deficiência em colaboração com os directores das escolas, as associações de pais e professores e o conselho de educação e formação das escolas. Os líderes dos clubes de crianças e o comité de reforço da educação inclusiva trabalham em conjunto com o objetivo de criar um ambiente escolar inclusivo e acolhedor para todas as crianças. O comité define o plano de ação anual que inclui as seguintes actividades: criar um programa de sensibilização para toda a comunidade escolar sobre deficiência, educação inclusiva, educação para necessidades especiais, etc., na cerimónia da bandeira da escola e na celebração do dia dos pais através de mini-média escolar.

Os clubes também realizam visitas de partilha de experiências, criam clubes escolares de deficientes e seleccionam crianças com e sem deficiência para o clube com base nos seus interesses. Os clubes formam os seus membros de forma contínua (duas vezes por mês) em diferentes disciplinas, convidam oradores que são cegos ou deficientes visuais

---

e que são conhecidos como modelos nas suas respectivas comunidades, protegem as raparigas cegas e outras de diferentes assédios, incluindo a violência sexual, partilham as suas experiências, conhecimentos, melhores práticas nas áreas do VIH e da SIDA e o seu impacto, fornecem orientação sobre o seu ambiente e apoiam os membros a participar em actividades extracurriculares que são vistas como um elemento importante no sistema educativo para as crianças cegas e deficientes visuais que harmoniza o seu crescimento psicossocial.

No que diz respeito aos apoios prestados às CWDs necessitadas, os relatórios anuais da AMRC (2013-2015) indicam que o programa de RBC contribuiu muito para apoiar a educação de crianças cegas e com deficiência visual. Por exemplo, quarenta e dois (20 são mulheres) estudantes cegos e deficientes visuais de seis SNEUs em duas zonas, nomeadamente Gamo Gofa e Wolaita, recebem formação em leitura e escrita básica em Braille, orientação e mobilidade e actividades da vida diária. Além disso, através de visitas domiciliárias e de formações realizadas, vinte e seis crianças cegas ficaram aptas a ler e a escrever em Braille e a gerir os seus movimentos nas suas áreas residenciais, incluindo escolas, mercados, igrejas e parques infantis,

Além disso, os líderes dos clubes de crianças das escolas organizam a "Caixa da Bênção" para recolher apoio financeiro e material para crianças órfãs e crianças provenientes das famílias mais pobres. Os estudantes invisuais são patrocinados na Universidade de Arba Minch, na Universidade de Wolaita Sodo e na Escola Superior de Formação de Professores de Arba Minch para os cursos de licenciatura e de mestrado, sendo-lhes disponibilizada uma sala de estudo com computador no seu centro. Mais uma vez, os melhores alunos com desempenho académico entre os deficientes são premiados todos os anos e são motivados a continuar a sua educação. As crianças cegas e deficientes visuais, tal como outros alunos deficientes da escola, participam ativamente em competições desportivas paraolímpicas com o apoio do programa de RBC e são premiadas com medalhas.

Os alunos cegos e com deficiência visual participam ativamente em dramatizações, poemas e exibições teatrais na cerimónia de encerramento da escola, através de clubes escolares para deficientes. Além disso, as crianças cegas reúnem-se num pequeno grupo numa pequena aldeia e desenvolvem a sua interação social e comunicação, partilham as suas experiências, discutem práticas tradicionais prejudiciais, etc., com colegas sem deficiência. Este clube é conhecido como clube de criança para criança e tem por objetivo reunir crianças do mesmo grupo etário com deficiência e colegas sem deficiência. Como resultado, as crianças cegas são bem aceites na comunidade. Devido ao facto de frequentarem a escola no seu próprio bairro e ao apoio prestado de forma contínua, os alunos-alvo com deficiência, incluindo as crianças cegas e amblíopes, desenvolveram melhores relações intra e interpessoais com os seus colegas da escola.

Além disso, observam-se mudanças entre as famílias das crianças com deficiência que frequentam a escola, reconhecendo a importância da educação também para as crianças com deficiência.

Apesar de não existirem escolas sem barreiras, materiais didácticos adequados e professores bem formados e qualificados nas escolas regulares, o centro presta apoio tanto às crianças com deficiência crónica que frequentam as aulas no sistema de ensino regular como às crianças com deficiências graves e profundas e àquelas que não puderam beneficiar do sistema de ensino regular nas unidades de ensino especial. Outras ONG e partes interessadas importantes também tomam iniciativas para apoiar o programa. Os agentes comunitários de reabilitação têm a responsabilidade de visitar estes grupos de alunos em casa, a fim de os apoiar na revisão do que aprenderam na escola. Vale a pena mencionar que os técnicos de RBC e os respectivos professores do ensino primário estabelecem conjuntamente programas para dotar estas crianças de conhecimentos e competências adicionais também nas aulas de orientação. O trabalhador de RBC e o professor de crianças com deficiência visual têm tempo para as apoiar antes ou depois da escola e na escola ou em casa da criança para ensinar as áreas adicionais de que a criança necessita. J. Kirk Horton (1988) explica uma das vantagens dos programas integrados: "nos programas integrados, as crianças cegas e com baixa visão vão para a escola com crianças com visão. Esta interação ajuda as crianças com deficiência visual a compreenderem melhor as crianças com visão e as crianças com visão a compreenderem melhor as crianças com deficiência visual".[63]

Apesar de todos os esforços envidados pelo programa de RBC, há cada vez mais indícios de que o sistema educativo carece de muitas experiências práticas em matéria de educação inclusiva. Os alunos com necessidades educativas especiais também sofrem com a falta de materiais necessários e de todo o apoio a todos os níveis. As crianças com deficiência precisam de materiais de ensino e aprendizagem que reflictam a diversidade da sua sociedade. Além disso, os métodos de ensino devem responder às necessidades diversificadas das crianças com deficiência. "Os professores têm de adotar abordagens criativas para trabalhar com as crianças ao ritmo adequado às suas necessidades".[64] As crianças cegas e com deficiência visual, tal como os seus pares sem deficiência, crescem em lares onde os pais são os mais pobres dos pobres. Assim, este grupo de crianças precisa de apoio interno e externo para poder continuar a sua educação de forma segura. Por conseguinte, necessitam de assistência pessoal e de recursos materiais no decurso da sua educação. Estes incluem - bengala, ajudas ópticas à visão, ajudas electrónicas à visão, incluindo computadores pessoais especiais e respectivos acessórios.

---

[63] J. Kirk Horton(1988).Educação de alunos com deficiência visual na escola normal.P.4
[64] Ibid.,P.74.

No que diz respeito aos materiais de apoio, a investigação realizada pelo Ministério Federal da Educação da Etiópia (2015:22-23) indica uma série de equipamentos, materiais educativos adaptados e dispositivos de assistência que são altamente necessários para reforçar os centros de recursos/apoio à educação inclusiva e que, por sua vez, contribuirão positivamente para garantir uma educação equitativa e de qualidade para as crianças com deficiência no país. Esta diretriz enumera os seguintes materiais para melhorar a educação das crianças com deficiência visual: ardósia inter-pontos e estilete, bengala, ábaco, régua Braille, kit de construção de palavras, kit de matemática, relógio Braille, Brailler mecânico, Brailler adaptável, calculadora falante, Braille didático com tinta, papel Brailler, computador com software, lentes de aumento, tabela de Snellen, mapas tácteis, dicionário Braille, auscultador, bola sonora / apito. O autor é testemunha ocular de que alguns destes materiais foram distribuídos a algumas escolas primárias dos locais de intervenção da AMRC CBR, incluindo Ligaba e Boditi Ediget na zona de Wolaita e a escola especial Siqella e a escola primária Botre nas cidades de Arba Minch e Sawula na zona de Gamo Gofa.

Para melhorar a condição económica das pessoas com deficiência, o centro patrocina estudantes com deficiência para a formação de competências profissionais. O facto de capacitar as pessoas com deficiência para a formação profissional tem um impacto positivo em "Deficiência não é incapacidade". Assim, a longo prazo, desempenhará o seu próprio papel no reforço da inclusão das pessoas com deficiência nas instituições da sociedade. A formação profissional é oferecida com base nas necessidades de cada pessoa com deficiência, tendo em conta a importância do estudo e a aplicabilidade da competência no mercado local. Existem muitos tipos de formação profissional, nomeadamente: metalurgia e carpintaria, alfaiataria, eletricidade, cabeleireiro, informática, mecânica automóvel, padaria, apicultura, avicultura, criação de animais, produção vegetal, formação de professores do ensino primário, enfermagem do ensino primário e contabilidade. No entanto, a maioria dos adultos cegos e deficientes visuais não participa nestas actividades. É interessante que as mães de adultos cegos e deficientes visuais tenham a oportunidade de participar ativamente em diferentes áreas de negócio, de acordo com o seu interesse. Podemos interrogar-nos sobre as alternativas que seriam oferecidas aos adultos cegos e amblíopes se faltassem a estas acções de formação profissional. Para estes grupos, o centro cria o acesso ao estudo de diplomas e graus em diferentes faculdades e universidades com base nos seus interesses.

Capítulo 6. Apoios prestados à educação de crianças cegas e com deficiência visual

6.1. Criação de consciência

Lola Aneke (Caring for Special Needs Children) refere que "A atitude da sociedade em relação ao facto de se ser uma criança com necessidades especiais não é encorajadora, o que faz com que as crianças e as famílias com crianças com necessidades especiais se retirem e se isolem da participação em actividades sociais e académicas. Devem ser criados programas de defesa e sensibilização ao nível da comunidade, apoiados pelos governos, com o objetivo de promover a causa da aceitação das necessidades especiais."[65] As actividades de sensibilização podem ser implementadas através de cerimónias locais de café, reuniões de SHGs, encontros de aldeia e clubes escolares de criança para criança. As cerimónias do café são realizadas mensalmente com a participação ativa dos pais de crianças com deficiência. Para aumentar a inclusão social das CWDs e das suas famílias na comunidade, os vizinhos das CWDs visadas participam ativamente no programa.

Além disso, as actividades de sensibilização do público são realizadas em várias reuniões da comunidade local de 'idir' e reuniões de aldeia. Estas actividades de sensibilização são realizadas mediante comunicação prévia com a administração da aldeia, onde são identificados os temas e acordados os pormenores do programa. Os clubes escolares de criança para criança são principalmente assistidos na promoção de um ambiente escolar amigável e acolhedor para todas as crianças. As mensagens pretendidas são comunicadas através de teatro, poemas, canções, desenhos e jogos no dia dos pais e noutras ocasiões. Todos os programas têm por objetivo facilitar a inclusão social e a participação das crianças com deficiência intelectual na sua comunidade escolar. Os clubes trabalham em colaboração com outros clubes das suas escolas, como o clube de prevenção, cuidados e apoio ao VIH/SIDA, o clube da Cruz Vermelha e outros, e são dirigidos por professores coordenadores dos clubes de criança para criança. Os respectivos trabalhadores de RBC e os seus supervisores facilitam o fornecimento de folhetos, brochuras, cartazes, faixas e artigos/materiais de papelaria. Além disso, os clubes escolares de criança para criança investem o seu tempo e conhecimento na melhoria de ambientes escolares inacessíveis através da remoção de barreiras do seu recinto escolar, no nivelamento da superfície do solo e na modificação dos caminhos seleccionados que poderiam causar danos a crianças com deficiência visual e utilizadores de cadeiras de rodas. Ao criar estas circunstâncias, foi possível eliminar, em certa medida, as barreiras físicas, atitudinais e ambientais a nível da

---

[65] Lola Aneke, Caring for Special Needs Children, data não mencionada.

escola.

Os boletins de graduação dos estudantes das instituições superiores foram patrocinados várias vezes com o objetivo de sensibilizar toda a comunidade e as famílias dos estudantes graduados para a deficiência e a educação inclusiva. Os meios de comunicação social do governo, incluindo a rádio local, a Ethiopian Broadcasting Corporation (EBC), a Ethiopian Television (ETV), a South Radio and Television, são outros meios de abordar a deficiência e as questões relacionadas com a mesma junto da comunidade em geral, em todos os cantos da região.

Folhetos, brochuras, cartazes e faixas são também divulgados à comunidade para partilhar informação sobre a deficiência e assuntos relacionados em diferentes ocasiões, incluindo a celebração anual do Dia Internacional das Pessoas com Deficiência (IDDP) a nível regional. A celebração do IDDP tem lugar todos os anos a nível regional, onde a AMRC patrocina o programa no qual participam pelo menos 2.500 pessoas em representação das suas respectivas organizações. Além disso, em várias fases, são realizadas formações e workshops contínuos para as principais partes interessadas, líderes religiosos e comunitários influentes, professores, pais de CWDs e OPDs. Devido ao programa de sensibilização para a deficiência, a inclusão das pessoas com deficiência nas actividades quotidianas da comunidade foi melhorada e a sua participação foi bem apreciada. Como resultado de todas as situações acima descritas, as pessoas com deficiência física e as suas famílias obtiveram satisfação mental e psicológica, aceitação social e desenvolveram um sentido de igualdade. No entanto, isso não significa que cada criança com deficiência e a sua família tenham satisfeito plenamente as suas necessidades, mas que toda a comunidade tenha incluído plenamente as pessoas com deficiência nas suas actividades quotidianas e que a comunidade tenha mudado a sua atitude de forma positiva a um nível significativo.

O programa de RBC da AMRC pratica parcerias significativas com base na eficácia do trabalho de ambas as partes, com o objetivo de garantir uma educação equitativa e de qualidade para as crianças com necessidades educativas especiais. Assim, foi estabelecida uma forte parceria com os pais, a associação de professores e os conselhos de educação e formação a nível das escolas. Graças ao envolvimento significativo dos pais e da comunidade, das universidades e dos meios de comunicação social públicos, todas as diferenças, incluindo a idade, o sexo, a etnia, a língua, o estado de saúde e económico, a religião, a deficiência, o estilo de vida e outras formas de diferença, são reconhecidas e respeitadas a um determinado nível.

Por isso, o centro acredita que o envolvimento da comunidade é muito importante para ter um impacto duradouro na mudança de vida das pessoas com deficiência.

6.2. Meios de subsistência

Como escreveu Rebecca Yeo ,kar,(2005) citada por Paulien Bruijn e et al.(2012:17)[66] 'Apesar das numerosas políticas e declarações relativas à deficiência e à redução da pobreza, estima-se que 50.000 pessoas, incluindo 10.000 pessoas com deficiência, morrem todos os dias em resultado da pobreza extrema. Seria enganador afirmar que esta injustiça não é uma intenção consciente de ninguém. No entanto, pode argumentar-se que é o resultado inevitável e lógico das relações globais existentes". Mais uma vez, Roxon (1998), Stace (1986,1987) e Rehabilitation International (1992) indicam que mais de 80% das mulheres com deficiência não têm meios de subsistência independentes e dependem totalmente de outros para a sua própria existência. Ao contrário das outras mulheres, têm poucas possibilidades de contrair matrimónio ou de herdar bens que possam oferecer uma forma de segurança económica. Por isso, é necessário lutar contra a pobreza. Neste caso, Nelson Mandela afirma que "a pobreza não é um acidente, tal como a escravatura e o apartheid, é criada pelo homem e pode ser eliminada pelas acções dos seres humanos".

As pessoas com deficiência enfrentam os maiores desafios em termos de acesso a recursos para a geração de rendimentos. Um número crescente de dados empíricos provenientes de todo o mundo indica que as pessoas com deficiência e as suas famílias têm mais probabilidades de sofrer desvantagens económicas e sociais do que as pessoas sem deficiência. O aparecimento da deficiência pode levar ao agravamento do bem-estar social e económico e da pobreza através de uma multiplicidade de canais, incluindo o impacto negativo na educação, no emprego, nos rendimentos e no aumento das despesas relacionadas com a deficiência (OMS, 2011). Uma vez que as pessoas com deficiência têm rendimentos mais baixos e são mais susceptíveis de sofrer de pobreza e, ao mesmo tempo, vivem praticamente na base da sociedade, é necessário apoiá-las economicamente para que o seu nível de vida melhore através de pequenas actividades geradoras de rendimentos.

De acordo com esta discussão, diferentes estudos de investigação indicam que a deficiência pode aumentar o risco de pobreza e a pobreza pode aumentar o risco de deficiência. A combinação das duas situações coloca a pessoa com deficiência perante um grande desafio, como refere a CBM - Christian Blind Mission (2005): "A combinação de deficiência e pobreza resulta num acesso muito limitado aos serviços comunitários, tais como cuidados de saúde e reabilitação, e oportunidades de educação/formação profissional conducentes a um trabalho remunerado.[67]

Para que os pais possam dar atenção ao seu filho e resolver as suas necessidades,

[66] Rebecca Yeo ,kar,(2005) relatado por Paulien Bruijn e etal (2012).Count me in -Including people with disabilities in development projects.P.17

[67] CBM Disability and Development policy (2006), Christian Blind Mission.P.5

comprando roupas, fornecendo alimentos nutritivos, enviando-o para a escola e comprando eles próprios materiais educativos, etc., é necessário capacitar economicamente os pais da criança cega. Se os pais forem economicamente capacitados, passarão a maior parte do tempo com a criança, em vez de irem desempenhar algumas tarefas algures para ganhar o pão. Além disso, os pais ficam felizes se tiverem um nível de vida económico semelhante ao dos seus vizinhos, quando estão economicamente capacitados, e esperam livrar-se da pobreza passo a passo.

A capacitação económica das mães/pais de CWDs, principalmente através de IGA, é a área de preocupação para criar condições de vida favoráveis para os grupos-alvo. Vários estudos indicam que capacitar as mães é, de uma forma ou de outra, capacitar a família e a comunidade em geral. Por exemplo, a AMRC criou grupos de autoajuda que incluem pessoas cegas e deficientes visuais (adultos e mães/famílias de crianças) nas áreas de intervenção do programa de RBC, dando-lhes formação em AGI e fornecendo-lhes capital inicial para gerirem os seus negócios sob a forma de um esquema de empréstimos rotativos e serem cidadãos auto-suficientes e produtivos. Os indivíduos são organizados em grupos de autoajuda com o objetivo de levar a cabo um esquema de poupança e crédito com o apoio financeiro e técnico do centro e das organizações governamentais relevantes. Mais uma vez, o relatório anual do programa de RBC (AMRC, 2013:12) indica que as famílias de crianças com deficiência recebem serviços de poupança e crédito em vinte áreas-alvo do projeto de RBC. Em cada local, treze mil Birr (13.000 Birr) foram dados a cada SHG para melhorar os seus níveis de rendimento através da realização de diferentes negócios como o pequeno comércio, a engorda de animais e outros. Assim, dezassete SHGs estão legalmente registados no pequeno comércio e asseguraram o apoio dos gabinetes locais de coordenação das pequenas empresas do governo. As lições aprendidas sobre as potencialidades e os desafios são utilizadas para reforçar e melhorar a sua gestão.

Os indicadores de sucesso nos agregados familiares/famílias beneficiárias foram medidos através do acesso das pessoas com deficiência à educação com material escolar e uniformes adequados, à alimentação (nutrição) de acordo com as normas locais, aos serviços de saúde quando doentes, a vestuário e abrigo adequados durante o dia e a noite, à mudança de atitude e de perceção da comunidade em relação às pessoas com deficiência, verificada através de uma maior mobilização de recursos, de uma maior sensibilização, proteção e apoio, e do aumento do número de beneficiários que recebem apoio através de iniciativas comunitárias integradas que contribuem para os esforços de abordagem da deficiência de forma sustentável.

6.3. Serviços médicos e de saúde

A saúde é definida na constituição da OMS como um estado de completo bem-estar físico, mental e social e não apenas a ausência de doença ou enfermidade. A saúde é um recurso para a vida quotidiana e não o objeto da vida. Por conseguinte, as vítimas de violência doméstica têm direito a aceder aos serviços de saúde no âmbito do programa de RBC, desde a identificação precoce e a prevenção até à reabilitação e ao tratamento.

É necessário dar mais atenção à prevenção da doença do que ao tratamento, porque "é fácil prevenir o tracoma através da educação, da melhoria do saneamento geral e da higiene em colaboração com os extensionistas de saúde da aldeia, com os trabalhadores da RBC e com as famílias das vítimas de tracoma através de cuidados domiciliários e da reabilitação. A RBC tem muitos aspectos positivos, uma vez que se baseia na constatação de que as CWDs se desenvolvem melhor nos seus ambientes familiares, em primeiro lugar, e em segundo lugar, se a reabilitação tiver lugar diretamente na aldeia e os pais, amigos e vizinhos estiverem envolvidos nos cuidados da criança, muitas pessoas acham mais fácil ultrapassar os seus medos e preconceitos".[68] Assim, por uma série de razões, o centro tem o dever moral de aceder aos serviços de saúde para os clientes necessitados. Os serviços vão desde os cuidados domiciliários e a reabilitação até à identificação precoce, tratamento e encaminhamento. Para o efeito, o centro dispõe de uma oficina ortopédica bem estabelecida e de um departamento de fisioterapia com técnicos qualificados no terreno. Os fisioterapeutas assistem os trabalhadores da RBC e os extensionistas da saúde na prestação de serviços de reabilitação às pessoas com deficiência na área-alvo da RBC. Assim, as CWDs são apoiadas para melhorar o seu estado de mobilidade através do fornecimento de dispositivos de assistência e serviços de fisioterapia com base no tipo e nível das suas deficiências, através do sistema de referência e do programa móvel de proximidade.

Mais uma vez, a oficina ortopédica também presta vários serviços. Estes incluem: produção e fornecimento de muletas, ortóteses, sapatos ortopédicos, próteses, cadeiras de rodas e manutenção de pernas e mãos artificiais e cadeiras de rodas. Assim, no final de 2013 (AMRC, 2013:18), 1.452 clientes obtiveram os serviços necessários acima mencionados no centro e através do programa de extensão de clínicas móveis.[69] Em colaboração com os técnicos ortopédicos e protésicos, os técnicos de fisioterapia também realizam exercícios activos, exercícios passivos, correcções do pé torto, incluindo avaliação do pé torto, libertação de contratura, massagem, treino de marcha com próteses e ortóteses, treino de cadeiras de rodas, exercícios de pré e pós-encaixe, facilitação de encaminhamento para cirurgias e acompanhamento. Por exemplo, em 2013 (AMRC, 2013:19), setecentos e vinte e oito clientes foram atendidos pelos serviços de fisioterapia do centro. Alguns dos clientes foram patrocinados para cirurgias correctivas no Arba Minch Hospital, no Sodo Christian Hospital e no Cure

---

[68] LIGHT FOR THE WORLD .Relatório Anual 2014/2015.P.11
[69] Centro de Reabilitação de Arba Minch (AMRC), Relatório Anual 2013,P:18

International Children's Hospital através do sistema de encaminhamento.[70]

Os serviços de reabilitação médica são prestados principalmente a crianças com deficiência na área de intervenção do programa de RBC. Estas crianças são recrutadas na comunidade em colaboração com os extensionistas do sector da saúde. Os serviços médicos são prestados aos beneficiários em rede com os hospitais mais próximos, a fim de reduzir os custos desnecessários, por um lado, e de tratar mais crianças com os escassos recursos disponíveis, por outro. Casos como cirurgia de catarata, fenda palatina, lábio leporino e pé torto são encaminhados para instituições de saúde superiores e especializadas. No final de 2013 (AMRC, 2013:16), quatrocentos e cinquenta e três (453) CWDs tinham sido submetidas a exames médicos e receberam tratamento médico em diferentes instituições de saúde, das quais cento e trinta e nove (65 são do sexo feminino) crianças obtiveram patrocínio médico para tratamento de tracoma, catarata e glaucoma.

O Relatório Anual da Handicap National (2012)[71] revela que, por várias razões, muitas mães recorrem a parteiras tradicionais em casa, que não têm formação nem estão equipadas com material médico moderno, o que faz com que, na maioria dos casos, o recém-nascido fique facilmente vulnerável a deficiências no local ou a infecções que o levarão a ficar incapacitado mais tarde. Para inverter esta incidência na área de intervenção da RBC, a AMRC trabalha agressivamente com os organismos governamentais competentes na sensibilização para a prevenção da deficiência, por um lado, e, por outro, procura minimizar o papel das parteiras tradicionais, de modo a que estas apenas encaminhem as mães grávidas para as instituições de saúde, sem tomarem quaisquer outras medidas por si próprias.

Como resultado, várias crianças de todas as áreas-alvo do projeto de RBC tornaram-se capazes de se movimentar melhor e melhoraram a sua visão e audição, de modo a integrarem-se no ambiente socioeconómico da comunidade. Mais importante ainda, as crianças puderam ir à escola e frequentar a sua educação de forma inclusiva com os seus pares sem deficiência, desenvolver a sua autoestima e esforçar-se por ter êxito em todas as esferas da vida.

6.4. Integração social e apoio psico-social

É óbvio que a primeira integração social tem lugar em casa, com os pais e os membros da família da criança. Os técnicos de RBC têm a responsabilidade de sensibilizar todos os membros da família para que aceitem a criança cega como um membro da família. Os membros da família estarão então em condições de apoiar a criança em todas as condições necessárias em casa, nas suas actividades da vida diária. Depois de ser bem

---

[70] Centro de Reabilitação de Arba Minch (AMRC), Relatório Anual 2013:19
[71] Handicap National Relatório Anual 2012 .P.8. Mais tarde, mudou o seu nome para "Birhan Lehitsanat"

recebida pelos membros da família, a criança é levada aos vizinhos para ser apresentada e brincar com os seus pares num ambiente natural, com o apoio dos membros da família e do trabalhador de RBC. Além de brincar, a criança vai a lojas, parques infantis, mercados e igrejas. Assim, é altura de desempenhar o seu papel no grupo e desenvolver a confiança, a segurança e a criatividade na sua vida, uma vez que é bem recebido pelos seus pares.

O autor deste livro acredita que as crianças cegas e com deficiência visual, tal como os seus pares sem deficiência, não precisam apenas de apoio médico e de meios de subsistência, mas também de apoio psicossocial para terem uma vida autónoma. Tina Juul Rasmussen e outros (2015)[72] no seu estudo indicam que "psicossocial refere-se à relação dinâmica entre as dimensões psicológica e social de uma pessoa, uma influenciando a outra. A dimensão psicológica inclui processos internos, emocionais e de pensamento, sentimentos e reações. A dimensão social inclui as relações, as redes familiares e comunitárias, os valores sociais e as práticas culturais". A capacidade que uma pessoa cega ou com deficiência visual tem pode encontrar-se numa fase diferente em comparação com os seus grupos etários, competindo com o sucesso na criação de relações, no estabelecimento de amigos e família e na prática de assuntos culturais. Mas a questão a que se deve dar a devida atenção neste domínio é a de promover e reforçar as capacidades das crianças cegas e com deficiência visual. Por conseguinte, Tina Juul Rasmussen e outros indicam ainda que os atributos pessoais de uma pessoa com deficiência, juntamente com um bom apoio social das pessoas e da sociedade, podem promover a capacitação das pessoas com deficiência.

As crianças cegas e com deficiência visual são algumas das que beneficiam desta atividade de apoio psicossocial, de uma forma ou de outra, tendo em conta o contexto cultural e as normas dessa comunidade em particular. Por exemplo, o programa de RBC do centro contribui para o desenvolvimento do bem-estar psicossocial das crianças cegas e com deficiência visual e de outras pessoas através da criação de uma sala para competições desportivas, como os Jogos Paraolímpicos, e de actividades físicas de muitas formas diferentes.

Além disso, a CBM Christian Blind Mission (2006), no seu documento de política, afirma que "a violência física e sexual e a negação dos direitos reprodutivos no que diz respeito às raparigas e mulheres com deficiência ocorrem a taxas alarmantes nas famílias, nas instituições e em toda a sociedade".[73] Assim, a promoção e a proteção dos direitos legais das pessoas com deficiência é outra área de disciplina em que o programa de RBC se concentra. Há provas de que mais de cinco raparigas com

---

[72] Tina Juul Rasmussen, Nana Wiedemann etal (2015) .Different .Just like you. Uma abordagem psicológica para promover a inclusão de pessoas com deficiência.P.6

[73] CBM Disability and Development Policy (2006), Christian Blind Mission. P. 18

deficiência foram expostas a violência baseada no género nos últimos 10 anos, sendo vítimas de abusos sexuais que podem resultar em doenças sexualmente transmissíveis e mesmo no VIH/SIDA. Por conseguinte, é necessário ter acesso a informações sobre como se protegerem da violência de género e como recorrerem à polícia, às instituições de saúde e aos tribunais de forma legal e atempada (no prazo de 72 horas), sem distorcerem as provas. Por este motivo, o programa de RBC tem orientado formações de sensibilização em diferentes momentos para advogados, juízes e agentes da polícia sobre a vulnerabilidade das vítimas de violência de género. Para além disso, o centro tem experiência em ajudar as vítimas a encontrar justiça depois de terem sido vítimas de violência. Prestou apoio jurídico a vítimas que não tinham dinheiro para pagar os exames médicos no hospital e os honorários profissionais no tribunal. Há cada vez mais provas de que as vítimas não têm apoio dos agentes da polícia, dos seus pais e de outros membros da comunidade para levar o caso a tribunal. Huib Comielje e Evert Veldman[74] no seu relatório de estudo afirmam que "a polícia não atribui grande valor à proteção das crianças com deficiência, uma vez que estas são consideradas 'menos importantes na sociedade'. As famílias não denunciam a violência contra as crianças porque têm medo da opinião da sociedade e sentem que manter boas relações com a sociedade (que muitas vezes favorece o agressor em detrimento da criança) é mais importante e mais seguro para a família e até para a criança."

As Práticas Tradicionais Nocivas (PTE) estão profundamente enraizadas em diferentes países de África, incluindo a Etiópia. Por exemplo, de acordo com o relatório do Inquérito de Monitorização do Bem-Estar (WMS) de 2011, 23% das crianças do sexo feminino com idades compreendidas entre os 0 e os 14 anos tinham sido submetidas a MGF/C a nível nacional. No entanto, foram observados declínios em algumas regiões. De acordo com os inquéritos realizados pela EGLDM, entre os inquéritos de base de 1997 e o inquérito de acompanhamento de 2008, os maiores declínios foram observados de 48,1% para 21,2% na região de Tigray e de 36% para 30,8% na SNNPR.[75] A fim de inverter e introduzir mudanças positivas na comunidade, diferentes organizações governamentais e ONG do país sensibilizam toda a comunidade.

6.5. Capacitação

O documento de posição conjunta da OIT, da UNESCO e da OMS (2004) afirma que "as OPDs estão preparadas para assumir papéis significativos na iniciação, implementação e avaliação de programas de RBC, ao mesmo tempo que se esforçam por chegar a mais pessoas com deficiência e por serem mais activas na sua

---

[74] Huib Comielje e Evert Veldom (2011). O Sonho da Inclusão para Todos, Materiais poderosos de formação em RBC. P. 117.

[75] Estratégia Nacional e Plano de Ação sobre os TP contra mulheres e crianças na Etiópia (2013). FDRE Ministério dos Assuntos da Mulher, da Criança e da Juventude. P.5

representação. As OPDs precisam ser reconhecidas como um recurso para fortalecer o programa de RBC".[76] Com este entendimento, a fim de assegurar o empoderamento e exercer os seus direitos em assuntos que afectam as suas vidas, as pessoas com deficiência na área de intervenção do programa de RBC estabeleceram as suas organizações a nível da administração municipal, distrital, zonal e regional. As OPDs estão oficialmente registadas e obtiveram o estatuto legal do organismo governamental em causa. Ao mesmo tempo, a organização guarda-chuva das OPDs foi estabelecida a nível regional como uma União das OPDs. Um dos principais objectivos das OPD é juntar as mãos para lutar contra as atitudes negativas em relação às pessoas com deficiência e, assim, merecer os direitos dos seus membros à educação, à saúde, aos meios de subsistência, aos serviços sociais e à capacitação. As funções das OPD incluem "educar todas as pessoas com deficiência sobre os seus direitos, defender acções que garantam os seus direitos e colaborar com parceiros para exercer os direitos de acesso a serviços e oportunidades, muitas vezes com programas de RBC".[77]

Onde as OPDs são fracas, o programa de RBC capacita-as para aumentar a sua capacidade de promover os direitos individuais e o acesso aos serviços e a sua plena participação em todos os projectos de RBC em curso. Neste caso, o programa de RBC da AMRC desempenhou um papel na sensibilização dos membros das OPDs e dos organismos governamentais competentes sobre a deficiência e os direitos das pessoas com deficiência, na manutenção do lobbying e da advocacia, na realização de formação para os principais líderes das OPDs sobre gestão e liderança, na criação de uma sala para os representantes das OPDs participarem na gestão do ciclo do projeto, no apoio financeiro às OPDs para executarem o seu plano de forma eficaz, na prestação de apoio técnico e material quando necessário, patrocinando a celebração do Dia Internacional das Pessoas com Deficiência (IDDP). Além disso, o centro disponibilizou um gabinete para as OPD na sede, de modo a facilitar a comunicação, prestou apoio técnico na preparação de propostas de projectos e criou acesso para os membros das OPD participarem em SHGs na área de intervenção do programa de RBC.

Há cada vez mais provas de que a maioria das OPD na região SNNPR tem limitações em termos de capacidade financeira, institucional e técnica e necessita de apoio neste domínio. Por conseguinte, para ultrapassar todos estes problemas, é necessária a colaboração multissectorial de todas as partes interessadas, incluindo as próprias pessoas com deficiência, os seus familiares, as principais organizações governamentais, as ONG que operam na área e outras. Mais uma vez, a este respeito, é possível influenciar os líderes políticos e os órgãos de tomada de decisões, mudando a sua mentalidade e influenciando positivamente a sua atitude no sentido de

---

[76] OIT, UNESCO e OMS (2004), documento de posição conjunta sobre a RBC, p. 7

[77] Ibid.,P.7

desempenharem um papel vital na sua própria comunidade.

No âmbito das OPD existentes, as mulheres com deficiência e os pais de crianças com deficiência criaram os seus próprios grupos de autoajuda na área de intervenção do programa de RBC. O estudo conduzido por K.P. Kumaran (2011:108) relata que "os membros dos SHGs juntaram-se aos grupos para fazer amizade com outras pessoas com deficiência, a fim de compreender e partilhar os seus problemas comuns e trabalhar para alcançar um objetivo comum".[78] O estudo explica ainda as suas realizações no sentido de que "é evidente que mais pessoas passaram a conhecer as diferentes disposições depois de se juntarem aos grupos. A consciência sobre os programas de alívio da pobreza mostrou uma ligeira melhoria depois de se juntarem aos SHG, enquanto a consciência sobre a reserva de emprego e os benefícios do casamento melhorou em maior medida. Ao aderirem aos SHGs, desenvolveram o hábito de poupar e puderam iniciar actividades de geração de rendimentos com a ajuda de empréstimos que lhes foram disponibilizados através dos SHGs e melhorar ou aumentar os seus rendimentos. Mas, a nível da comunidade, esta mudança de atitude permaneceu lenta."[79]

Mais uma vez, na amostra estudada, foi referido que "a pobreza, a falta de educação e a exposição limitada ao mundo exterior eram os principais problemas enfrentados pelas pessoas com deficiência, pelo que ignoravam os direitos, as vantagens e os privilégios que lhes eram concedidos pelo governo.[80]

Por exemplo, diferentes SHGs foram formados através do processo de mobilização social na área de intervenção do programa AMRC CBR. O relatório de auditoria do escritório da Cooperativa da cidade de Sodo (2015:6)[81] mostra que o capital deste GEF atingiu 48.642,39 Birr. Há evidências de que os membros do GEF permitiram praticar hábitos de poupança e crédito e a sua inclusão social foi melhorada dentro da sua própria comunidade, uma vez que são capazes de participar na gestão de negócios locais. Do mesmo modo, o GAA "Biruh Tesfa" é outro que foi criado na cidade de Boditi, numa das zonas de intervenção da RBC. De acordo com o relatório do Gabinete de Cooperativas da cidade de Boditi (2015:2)[82] , o capital foi aumentado para 35.568,09 Birr. Existem outros que estão a realizar diferentes negócios nas áreas de intervenção da RBC com objectivos semelhantes, mas com menos capital em comparação com estes dois.

---

[78] K.P.Kumaran (2011). O papel dos SHGs na promoção da inclusão e dos direitos das pessoas com deficiência ^Disability ,CBR and Inclusive development Journal vol22,No2 P.108

[79] K.P.Kumaran (2011). The role ofSHGs in promoting inclusion and rights of Personswith disabilities Disability,CBR and Inclusive development Journal vol22,No2 PP.110-112

[80] Ibid.,P.112

[81] Gabinete de cooperativas de Wolaita Zona Sodo Town (2015) ,P.6

[82] Gabinete das Cooperativas da cidade de Boditi, zona de Wolaita (2015),P.2

Capítulo 7. Oportunidades e desafios no ensino primário e secundário dos invisuais

7.1. Oportunidades

O governo da Etiópia adoptou e implementou uma série de leis, políticas e normas relativas às pessoas com deficiência. As principais são as seguintes: Constituição da República Federal Democrática da Etiópia, adoptada em 1995, artigo 41.º, n.º 5, Proclamação relativa aos direitos das pessoas com deficiência ao emprego, n.º 568/78, Proclamação relativa à construção, n.º 624/2009, Política de educação e formação. 568/78, a proclamação de construção n.º 624/2009, a política de educação e formação, 1994. Em resposta à situação geral relativa à educação de crianças com necessidades especiais, a política de educação e formação indicou claramente

• A oferta de educação para deficientes e sobredotados aprende de acordo com as suas potencialidades e necessidades (objetivo específico 2.2.3);

• Serão proporcionadas educação e formação especiais a pessoas com necessidades especiais (estrutura de ensino 3.2.9);

• A formação de professores para a educação especial será ministrada no âmbito de programas regulares de formação de professores (estrutura de ensino 3.4.11) e

• A preparação e a utilização de meios de apoio ao ensino especial (estrutura de ensino 3.7.6).

Assim, a contribuição destas leis, políticas e normas para melhorar o acesso, a equidade e a qualidade da educação das pessoas com deficiência será considerada uma medida positiva no sistema. Mas o nível do seu impacto positivo tem de ser estudado. A questão da qualidade do ensino primário e secundário na Etiópia, tal como noutros países em desenvolvimento, é um desafio, porque a qualidade do ensino é uma questão formidável que exige um esforço incansável e uma compreensão profunda. Não basta pôr as crianças, incluindo as crianças com deficiência, na escola. Mas elas têm de aprender algo relevante. No documento de orientação[83] , afirma-se claramente que a qualidade do ensino pode ser indicada por: o número de professores qualificados para o nível, o rácio entre livros escolares e alunos, o tamanho das turmas ou o rácio entre alunos e salas de aula, o rácio entre alunos e professores, o número de alunos que concluem o primeiro ciclo do ensino primário (1.º ao 4.º ano), o número ou o rácio de alunos que obtêm melhores resultados no teste de avaliação nacional do ensino primário, o número de alunos que passam para o 1.

---

[83] Política de desenvolvimento do sector da educação nacional da Etiópia III (2005/2006-2009/2010)

Os estudos[84] sugerem alguns elementos-chave para o desenvolvimento do currículo e o caminho a seguir para melhorar a qualidade da educação nesse domínio: criar uma estrutura flexível para facilitar a resposta à diversidade, proporcionando diversas oportunidades de prática e desempenho, criar um sistema de avaliação baseado no progresso individual, prestar a devida atenção à diversidade cultural, religiosa, linguística e de deficiência do contexto dos alunos e reconhecê-la, assegurar que os conteúdos, conhecimentos e competências sejam relevantes para o contexto dos alunos (incluindo as crianças com necessidades especiais), trabalhar no sentido de sistemas que respondam melhor à diversidade, como abordagem estratégica para identificar os recursos existentes e as práticas inovadoras nos contextos locais, examinar os obstáculos à aprendizagem, com especial incidência nos grupos vulneráveis à marginalização e à exclusão. No domínio da educação, não existem soluções rápidas ou receitas de livros de cozinha sobre como proceder a mudanças educativas.

É melhor ver as medidas práticas adoptadas pelo governo para melhorar o sistema de ensino pertinente para as pessoas com deficiência. Isto pode ser demonstrado em diferentes cenários. Por exemplo, o país tem um crescimento económico atrativo e florescente e tem um bom compromisso com a Convenção das Pessoas com Deficiência, a Convenção sobre os Direitos da Criança e outras relacionadas com as mulheres e as crianças vulneráveis. Isto abre espaço para que as OPD e a União das OPD pratiquem e respeitem os direitos das pessoas com deficiência e lutem contra as questões que afectam as suas vidas. Mais uma vez, com os direitos conferidos pela Constituição, em colaboração com a AoLSA e a AMRC regionais, as OPD regionais e a sua União criaram as suas próprias associações filiais em diferentes zonas e distritos/administrações municipais, a fim de juntarem as suas mãos e lutarem pelos seus direitos de forma organizada.

Mais uma vez, o número de universidades e institutos superiores está a aumentar e a ministrar cursos e/ou formação de PND/IE no país e a admitir estudantes com deficiência. O programa PND/IE vai desde a formação de curta duração até ao diploma e do primeiro ao terceiro grau. Atualmente, existem no país diferentes opções para os estudantes cegos e amblíopes se inscreverem em estabelecimentos de ensino superior. Nalgumas universidades, há um movimento positivo no sentido de desenvolver um novo currículo em NEE/IE. Por exemplo, a Hawassa Teachers Training College, em colaboração com a antiga Handicap National (Birhan Lehitsanat), integrou as questões da deficiência e das necessidades educativas especiais, ao ponto de o senado ter aprovado a leitura e a escrita em Braille e a linguagem gestual como um curso comum a todos os estudantes licenciados e totalmente incluído no currículo escolar.

Além disso, outras universidades e colégios esforçam-se por criar um ambiente

---

[84] UNESCO, 1999b

favorável à inclusão, eliminando as barreiras físicas e sociais, criando centros de recursos para pessoas com deficiência e clubes de estudantes com deficiência para apoiar e promover o ensino inclusivo nas suas universidades. Algumas destas universidades prestam serviços jurídicos e de aconselhamento gratuitos às pessoas com deficiência em caso de violência contra os direitos humanos, incluindo a violação. Há provas de que algumas universidades criaram Centros de Recursos para Deficientes que prestam vários serviços, incluindo orientação e aconselhamento, serviço de Internet, fornecimento de bengala branca, serviços de fotocópia gratuitos, entre outros. Além disso, estão empenhados em eliminar as barreiras físicas, atitudinais e sociais no recinto, fornecendo dinheiro de bolso e dormitórios acessíveis, criando um ambiente favorável à inclusão, estabelecendo redes com ONG que trabalham nas áreas da deficiência e da RBC para fornecer ortóteses, próteses e serviços de fisioterapia, consoante as necessidades.

Acima de tudo, o Ministério Federal da Educação (MdE) pratica acções afirmativas para estudantes com deficiência, incluindo estudantes cegos e surdos, ao baixar as notas de entrada na universidade. De acordo com o relatório anual de 2016/2017 do Departamento de Educação da Zona de Wolaita[85] , em 2016/2017 as notas de entrada nas universidades para estudantes regulares sem deficiência foram ≥353 e ≥340 para homens e mulheres, respetivamente. No entanto, para os estudantes cegos e surdos, essa pontuação foi reduzida para ≥275 e ≥297 para ambos os sexos, respetivamente. Da mesma forma, estes grupos de alunos também obtiveram vantagens na entrada para a escola preparatória. Por exemplo, em 2016/2017, a nota de entrada na escola preparatória para alunos regulares sem deficiência foi ≥2,86 e ≥2,51 para homens e mulheres, respetivamente. Mas para cegos e surdos foi reduzida para ≥2,29 e ≥2,00 para homens e mulheres, respetivamente.

O plano de iniciativa do movimento público SNNPR Education Bureau 2017/2018 SNE/IE indica que de 1.938.824 crianças em idade escolar de 4-6 anos, 10% (193.883) são consideradas deficientes e destes 10% (193.883) CWDs em idade escolar apenas 10.281 (5.3%); da mesma forma, de 4 367 121 crianças em idade escolar do 1.º ao 8.º ano, apenas 79 144 (18,12%) CWDs frequentaram a escola; e, por último, de 1 787 651 crianças em idade escolar do 9.º ao 12.º ano, apenas 12 841 (7,2%) CWDs frequentaram a escola no ano letivo de 2016/2017.

Em resumo, parece fácil calcular matematicamente que, das 8.093.596 crianças em idade escolar, 10% (809.360) são consideradas deficientes e, destas 809.360 CWDs, apenas 102.266 (12,64%) CWDs frequentam a escola durante o ano. Por conseguinte, o número implica que um grande número de CWD (707 094) ainda não frequenta a escola na região SNNPR. Os dados não estão desagregados em termos de tipos de

[85] Departamento de Educação da Zona de WolaitaRelatório Anual201E/2017.P.8.

deficiência e não nos mostram o número de crianças cegas e deficientes visuais que não frequentam a escola durante o ano letivo.

Com o consenso alcançado e os acordos celebrados entre o centro e duas universidades, nomeadamente a Universidade de Arba Minch e a Universidade de Wolaita Sodo, foram alcançados resultados notáveis. Por exemplo, foram efectuadas visitas de partilha de experiências à Universidade de Adis Abeba, por ser a mais proeminente e experiente no domínio da educação especial. Foram tiradas boas lições e adaptadas às situações locais nas duas universidades. Os hospitais de referência e de ensino das duas universidades contribuíram muito para a identificação de crianças com problemas visuais, a realização de avaliações, o fornecimento de óculos e o aconselhamento.

Várias ONG (locais e internacionais) que operam na SNNPR e organizações governamentais tomaram iniciativas para integrar a deficiência no seu programa de desenvolvimento. Isto pode ser considerado como um movimento positivo no sentido de apoiar as pessoas com deficiência na região. Por exemplo, na zona de Wolaita, no ano letivo de 2016/2017, a Orbis International criou clubes de saúde ocular nas escolas e forneceu 3000 óculos a estudantes com dificuldades visuais após a realização das avaliações e exames necessários. Como resultado, estes estudantes foram capazes de continuar a sua educação sem medo de problemas visuais. Para além disso, a Cheshire Services Ethiopia, Hawassa Branch, LIGHT-FOR- THE-WORLD, ECDD, Wolaita Development Association, CAETS, a antiga Handicap National (Birhan Lehitsanat) e outras entidades contribuíram para a criação de acesso à educação para crianças cegas e com deficiências visuais em diferentes zonas e escolas.

Há provas de que o Governo Regional do Sul da Etiópia apoia atualmente os estudantes cegos com dinheiro de bolso que varia entre 60 Birr e 240 Birr por mês por estudante para os graus 1-4 e 5-12 respetivamente. O seu principal objetivo é, por um lado, cobrir a renda da casa, a alimentação e os custos de transporte dos estudantes cegos e, por outro lado, minimizar o número de desistências e motivar os estudantes a seguirem as aulas com atenção. No entanto, o montante da mesada fornecida aos estudantes cegos é aplicável em algumas zonas. Há indícios de que alguns estudantes cegos de outras zonas se deslocam para estas zonas por interesse próprio para beneficiarem do dinheiro de bolso. O número de beneficiários deste programa parece insignificante em comparação com o grande número de estudantes cegos que frequentam a escola noutras zonas e distritos especiais da região. Para além disso, quando se compara o montante do dinheiro de bolso com o custo de vida em alta, parece insignificante e convida a procurar outras soluções possíveis no futuro que incorporem todos os alunos deficientes da região com base no estudo. Atualmente, no que diz respeito às restantes zonas e distritos especiais da região, não existem dados pertinentes.

O relatório anual de 2016/2017 do departamento de educação da zona de Wolaita indica que, com a ajuda de 97 professores (40 são do sexo feminino), 562 (346 são do sexo feminino) alunos com PND frequentaram a escola nos SEUs da zona. Além disso, foram criados nove centros de recursos com a ajuda do Gabinete de Educação da SNNPR e de outras organizações, incluindo a AMRC e a Associação de Desenvolvimento de Wolaita. Mais uma vez, o subsídio escolar foi atribuído pelo governo em 2015/2016 até 270.669 Birr para as escolas a nível zonal para facilitar o processo de ensino-aprendizagem dos alunos com PND, tal como indicado no relatório anual. O relatório indica ainda que trinta e nove CWDs frequentaram aulas nos SEUs durante o ano.[86] Embora haja uma grande lacuna na acessibilidade física dos edifícios escolares, foi possível adaptar o ambiente físico da escola através da prestação de apoio financeiro nos locais de intervenção do programa de RBC. Por exemplo, as escolas mantiveram rampas nos portões da escola, no gabinete do diretor e nas bibliotecas, para que os alunos cegos e os que têm dificuldades de locomoção, incluindo os utilizadores de cadeiras de rodas, se desloquem sem dificuldades. O programa de RBC apoia as escolas-alvo no acesso a importantes materiais didácticos de adaptação e dispositivos de assistência. Estes incluem: uma série de ardósias, estiletes, ábacos, bengalas, gravadores áudio, puzzles, linguagem gestual e materiais de apoio educativo. Através dos clubes escolares de criança para criança, cordas feitas localmente são esticadas até às casas de banho para uso dos alunos cegos quando estes se deslocam à casa de banho. Parece haver menos obstáculos no seu caminho para a casa de banho quando seguram nas cordas e se movem de acordo com as instruções dos seus professores locais e dos trabalhadores de RBC.

7.2. Desafios

As Regras Padrão das Nações Unidas afirmam que "... os Estados devem tomar medidas para remover os obstáculos à participação no ambiente físico. Essas medidas devem consistir em desenvolver normas e directrizes e considerar a adoção de legislação para garantir a acessibilidade a várias áreas da sociedade, como a habitação, os edifícios, os serviços de transportes públicos e outros meios de transporte, as ruas e outros ambientes exteriores...".[87] Neste ponto, é melhor definir o que significa acesso. O acesso físico significa que as pessoas com deficiência podem, sem ajuda, aproximar-se, entrar, passar, entrar e sair de uma área e das suas instalações sem dificuldades indevidas".[88]

Se é verdade que existem oportunidades na educação das crianças cegas e amblíopes, é óbvio que também existem vários desafios no seu sistema educativo. As crianças cegas e amblíopes, em particular, e as crianças com necessidades educativas especiais,

---

[86] Departamento de Educação da Zona de Wolaita 2015/2016, .P.12.
[87] Nações Unidas (1994), As Regras Padrão sobre a Igualdade de Oportunidades para Pessoas com Deficiência, Nova Iorque
[88] CBM Disability and Development (Deficiência e Desenvolvimento) (2006), CBM Christian Mission. P. 33

em geral, enfrentam uma série de desafios no sistema educativo da Etiópia em termos de acesso, qualidade, retenção, recursos e equidade. No entanto, é preferível mencionar alguns obstáculos à participação no ambiente físico. Os desafios também incluem as crianças com outras deficiências, mas não se destinam apenas às crianças cegas e amblíopes. Os desafios incluem: infra-estruturas inacessíveis (estradas, edifícios, etc.); falta de pessoal profissional especializado, falta de recursos de ensino, aprendizagem e avaliação, atitudes negativas, materiais didácticos inadequados e falta de bibliotecas organizadas e normalizadas. Para além disso, a comunidade ainda não está totalmente consciente das vantagens da educação de crianças cegas e deficientes visuais. A este respeito, "é necessário apoio especializado para atender às necessidades e interesses individuais das crianças. Este apoio deveria, eventualmente, incluir as seguintes pessoas que exerceriam diferentes funções: Terapeutas ocupacionais, formador de Braille, enfermeiro escolar, formador de O&M, intérprete(s), terapeuta da fala e psicólogo educacional"[89] A diretriz (MdE, 2015) dá ainda mais ênfase à disponibilidade de professor(es) itinerante(s) no centro de recursos das escolas regulares com o objetivo de visitar as escolas satélite uma ou duas vezes por semana, o que aumenta a exigência da sua tarefa. Espera-se que o professor itinerante, enquanto pessoal do centro de recursos, esteja envolvido em diferentes actividades tanto no centro de recursos como nas escolas satélite. Não tem direito a atribuição de períodos e é tratado como um professor normal no que respeita aos pacotes de benefícios (MdE, 2015, p. 18-19). Poderá ser difícil obter dados e informações fiáveis sobre a medida em que os professores itinerantes com bacharelato em Educação Especial desempenharam as suas funções de forma eficaz e eficiente, tal como previsto nas orientações. Além disso, em que medida é que as escolas utilizaram estes professores? Em que medida é que os alunos com necessidades educativas especiais, incluindo os cegos e os deficientes visuais, beneficiaram do sistema? Estas questões poderão ser tratadas noutros estudos que deverão ser realizados por outros especialistas na matéria.

Embora cada aldeia tenha pelo menos uma ou mais escolas primárias, devido a barreiras geográficas, a maioria delas não é acessível a crianças cegas e com deficiência visual. O Relatório Anual Nacional da Handicap[90] indica que uma das razões pelas quais as crianças com várias deficiências não saem de casa se deve ao ambiente físico inacessível que enfrentam a partir da porta da frente. Devido à topografia acidentada e às áreas residenciais apinhadas e/ou degradadas onde vive a maioria das crianças visadas, isso desencoraja-as a sair da sua zona de conforto. Mais uma vez, a maior parte dos pais de crianças cegas e amblíopes são pobres e analfabetos e, por isso, preferem

---

[89] Ministério da Educação da Etiópia (2015). Directrizes para a criação e gestão de centros de recursos/apoio à educação inclusiva, Adis Abeba.PP.17-18

[90] Relatório Anual Handicap National 2012 (2013) .P.14. (o seu novo nome é Birhan Lehitsanat)

que os filhos fiquem em casa para os ajudar a fazer certas actividades.

No que diz respeito à orientação e mobilidade, o autor também está interessado em discutir a sua importância e o papel dos guias com visão na vida quotidiana das crianças cegas. Observou-se que, à exceção de alguns estudantes cegos nas escolas primárias e secundárias, os restantes não têm formação em O&M em geral e os seus guias com visão não têm qualquer formação. As técnicas usadas pelos guias com visão são tradicionais e utilizadas com base em interesses pessoais sem a consulta dos cegos. Assim, nesta fase, o facto de serem acompanhados por guias com visão tem a sua própria desvantagem para os invisuais.

A maior parte das escolas primárias e secundárias, especialmente as localizadas em zonas rurais, não estão preparadas para admitir estas crianças, pois argumentam que não têm professores formados, materiais especiais, centro de recursos, etc. Na maioria das zonas rurais, onde vive um grande número de crianças cegas e deficientes visuais, não existem programas de RBC para as apoiar. Há evidências de que a maioria dos programas de RBC está habituada a executar o seu programa nas grandes cidades, enquanto as zonas rurais com um grande número destes grupos de crianças são deixadas de lado.

Um grande número de escolas tem um ambiente físico que não é amigável - acolhendo crianças cegas e deficientes visuais e crianças com dificuldades de locomoção, para além da atitude da maioria dos professores, alunos e administradores ainda não ter mudado positivamente. Há uma tendência para que, entre os licenciados em educação especial/educação especial formados e bem qualificados, poucos sejam afectados a posições irrelevantes nos sectores governamentais, para além do ensino nas escolas. Também as crianças cegas e deficientes visuais enfrentam problemas de abrigo quando vêm à cidade para estudar. Há ainda alunas cegas e deficientes visuais que são abusadas sexualmente e acabam por abandonar a escola. Vale a pena mencionar que, apesar de todos estes desafios e violência, há algumas raparigas cegas e com deficiência visual que têm sucesso na sua educação e se tornam instrutoras em colégios e universidades, especialistas em organizações governamentais e tornam-se modelos no seu desempenho, políticas respeitadas e activistas da deficiência com um estatuto mais elevado. Por exemplo, a Sra. Yetnebersh Nugusse, da Etiópia, é uma jovem mulher cega, advogada, ativista da deficiência e fundadora do ECDD, que pode ser mencionada como um modelo. Tina Juul Rasmussen e outros (2015) e a Handicap International referem que:

"Yetnebersh é licenciada em Direito e tem um mestrado em Serviço Social. É directora de uma organização que se dedica ao desenvolvimento inclusivo e é proprietária de uma escola privada para crianças com e sem deficiência. Também é casada e mãe, tendo apoiado a educação dos seus irmãos e irmãs e vivendo uma vida plena, viajando para muitos países com o seu trabalho. A deficiência tem sido a minha oportunidade. Se não fosse cega, teria abandonado a escola muito cedo e teria casado como os meus colegas", diz yetnebersh.[91] Mais uma vez, a Handicap International relata que "Yetnebersh Nigussie foi galardoada com o prestigioso **Right Livelihood Award,** amplamente referido como o 'Prémio Nobel Alternativo', pela sua determinação em assegurar que as pessoas com deficiência nunca sejam deixadas para trás". [92] Assim, como ela é um modelo para muitas pessoas com deficiência, esta é uma boa oportunidade para todos nós aprendermos muitas coisas práticas com a sua experiência.

Há provas de que todas as escolas primárias e secundárias e organizações governamentais têm quadros de avisos para partilhar informações com os seus alunos, professores e funcionários. Preparam folhetos, boletins informativos/folhetos, mas nenhum deles está disponível em formatos acessíveis. Além disso, quando os alunos cegos se apresentam para os exames na escola regular, enfrentam sempre os mesmos problemas. Todos os exames, sem qualquer exceção, foram preparados de forma a tratar apenas os alunos com visão e as necessidades dos alunos cegos ainda não mereceram qualquer atenção e não são preparados em formatos acessíveis. Durante a leitura das perguntas do exame, observou-se que o comportamento e a atitude dos professores em relação aos alunos cegos não eram acolhedores, uma vez que os alunos pediam repetidamente aos respectivos professores para lerem as perguntas do exame. A abordagem dos professores e a fluência de leitura em amárico e inglês variam de um professor para outro, o que, por sua vez, tem um impacto negativo nos resultados dos exames dos alunos cegos. Embora os alunos cegos conheçam muito bem a matéria e se tenham preparado para o exame, devido à falta de cooperação dos leitores e à falta de competências de leitura em inglês, os alunos cegos parecem ficar perturbados até certo ponto e é provável que obtenham notas inesperadas.

Há provas suficientes de que a maioria das escolas primárias não é acessível às crianças cegas e apenas algumas escolas primárias podem ter matriculado alunos cegos no seu sistema educativo, especialmente nas escolas onde são recrutados professores cegos ou onde são designados professores com experiência de ensino do Braille. Caso contrário, as crianças cegas têm a opção de procurar uma escola especial e/ou um SEU no seu distrito ou na administração da cidade vizinha para aceder à sua educação. Se não forem bem sucedidas, ficarão em casa sem educação. Há cada vez mais provas de que a maioria das escolas primárias não matriculam crianças cegas nas suas escolas, mas empurram essas crianças para outras escolas primárias onde existem professores com formação e unidades de ensino especial.

---

[91] Tina Juul Rasmussen, Nana Wiedemann etal (2015) .Different .Just like you. Uma abordagem psicológica que promove a inclusão de pessoas com deficiência.P.18.

[92] www.handicap_international.us/news_a_yetnebersh_nigussie_receives_2017_alternative_nobel_prize.

Além disso, as informações relativas ao VIH/SIDA e às actividades escolares também não estão disponíveis em formatos acessíveis para as crianças cegas e com deficiência visual. Quando não têm acesso a essa informação, costumam perguntar aos seus colegas e familiares o que foi partilhado pela escola e pela sua própria comunidade. É claro que, na altura da celebração da cerimónia da bandeira da escola, têm a mesma oportunidade de obter informações quando os professores designados divulgam as informações oralmente para todos os alunos.

A política de educação e formação do Ministério da Educação afirma que o ensino primário na Etiópia enfrenta dois grandes desafios, a saber: aumentar o acesso à educação, incluindo a educação de crianças com necessidades especiais, e melhorar a qualidade dessa educação. Do ponto de vista da educação, tanto a quantidade como a qualidade do ensino são importantes. No entanto, a melhoria da qualidade do ensino a todos os níveis é um desafio que exige o empenho dos dirigentes políticos e a sua boa vontade, bem como a participação ativa de toda a comunidade em geral.

Apesar de todos os esforços envidados pelo governo, pelas ONG e por toda a comunidade, a equidade da educação inclusiva e a sua qualidade continuam a ser muito importantes. Assim, para minimizar os desafios que enfrentam as crianças com necessidades educativas especiais e a educação inclusiva no atual sistema educativo do país, a política de educação e formação da Etiópia necessita de um estudo mais aprofundado para investigar a sua praticabilidade a nível das bases, com o objetivo de melhorar ainda mais a qualidade da educação no país. Um número crescente de trabalhos de investigação indica os seguintes pontos a ter em conta. Estes incluem

- Se as melhorias no acesso correspondem ou não a melhorias na qualidade?

- Se o crescimento das matrículas se mantém e se as taxas de abandono escolar são reduzidas ou não?

- Se todos os alunos têm acesso a uma educação de melhor qualidade ou não?

- Se a oferta de escolas/classes formais, não formais, regulares e especiais funciona em conjunto ou não?

- O sistema de recolha de informações envolve ou não um processo participativo que inclui crianças e adultos de toda a comunidade?

- O sistema de formação de professores antes e durante o exercício da sua atividade é ou não dinâmico?

- Se a formação dos professores mantém a sua qualidade ou não?

- Se a revisão do currículo foi feita com base nos contributos das partes interessadas ou não?

- O desenvolvimento de um currículo flexível está ou não em vigor e

- Se a inclusão é promovida como um direito humano ou não?

Vários estudos sugerem como resolver os problemas relacionados com a promoção de uma educação de qualidade e de melhorias na escola, e eis o que se segue: criar um terreno fértil para o acesso a boletins informativos, brochuras, folhetos e exames em formatos acessíveis, responder positivamente à diversidade que inclui o género, a deficiência, a língua, a etnia, o estado de saúde, o estatuto social, desenvolver ligações fortes entre a escola, as casas e as comunidades utilizando métodos participativos, promover escolas amigas das crianças: metodologia centrada na criança e aprendizagem ativa, envolver as crianças na criação de soluções e utilizar abordagens de criança para criança, adaptar o sistema à criança, e não a criança ao sistema, e integrar no currículo existente, se possível, a literacia informática para alunos cegos e deficientes visuais.

Capítulo 8. Conclusão

Uma vez que a educação é uma estimulação de diferentes sentidos, será sempre uma combinação de aspectos cognitivos, sociais, emocionais, físicos e profissionais. Por conseguinte, é desta forma que as crianças cegas e deficientes visuais podem desenvolver-se holisticamente como um ser humano único, tal como os seus pares não deficientes. O autor conclui, com base nas experiências e práticas internas do programa de RBC da AMRC e nas suas observações profissionais pessoais no terreno, que a equidade e a qualidade da educação das crianças cegas e com deficiência visual nas escolas primárias e secundárias da Etiópia, bem como nas SNNPRS, ainda não foram totalmente alcançadas e encontram-se numa fase embrionária, uma vez que esses serviços abrangem uma proporção insignificante dessa população. Além disso, um grande número de escolas não é acessível às crianças cegas e amblíopes, tanto nas zonas urbanas como nas rurais, apesar de se terem registado progressos relativamente notáveis em termos de matrículas de alunos. Por conseguinte, ainda há um longo caminho a percorrer na educação das crianças cegas e com deficiência visual no Sul da Etiópia e a forma de criar a inclusão destas crianças necessita de mais compromissos e de uma maior dedicação por parte de todos os organismos envolvidos.

Por último, gostaria de concluir que as crianças com deficiência, incluindo os cegos e os deficientes visuais, podem beneficiar mais de uma educação inclusiva e de ambientes escolares inclusivos. Quando as crianças com deficiência são mais incluídas nas actividades quotidianas da comunidade e a deficiência é integrada em todos os programas de desenvolvimento a todos os níveis na região, os seus direitos são respeitados e podem viver melhor.

Capítulo 9. Recomendação e via a seguir

As experiências e práticas locais do programa de RBC da AMRC convidam o autor a apresentar algumas recomendações sobre a forma de garantir uma educação equitativa e de qualidade para os alunos cegos e com deficiência visual no sul da Etiópia. Além disso, a experiência pessoal do autor no domínio da RBC durante mais de 13 anos é também considerada como um trunfo para esta recomendação. Por conseguinte, recomenda-se vivamente a:

• Ultrapassar todas as barreiras à inclusão, incluindo as físicas, de atitude, institucionais e ambientais. Isto inclui: evitar degraus na construção de novas escolas, criar declives suaves, promover a construção de rampas e corrimões simples para ultrapassar o problema dos degraus, tornar as instalações sanitárias seguras e acessíveis, manter lugares sentados adequados e zonas de refeições acessíveis, tornar os parques infantis seguros e acessíveis, tornar as portas suficientemente largas para receber uma cadeira de rodas, se necessário, trabalhar agressivamente com as escolas primárias e secundárias para aumentar a acessibilidade de todas as crianças cegas e deficientes visuais nas zonas urbanas e rurais,

• Proporcionar formação contínua em matéria de orientação e mobilidade tanto aos cegos como às crianças com deficiência visual e seus pais e aos guias com visão.

• Dotar os professores de metodologias de ensino adequadas, centradas no aluno e que envolvam todos os sentidos, proporcionar formação contínua aos professores em exercício, desenvolver as competências de formação dos professores de recurso que, por sua vez, formam outros professores em práticas de educação inclusiva, formar pessoas de recurso para facilitar a educação das crianças cegas e com deficiência visual,

• Fornecer aos alunos cegos livros de texto em Braille ou em formato áudio, gravador, bengalas brancas, papel Braille, ardósia, estilos, ábaco e outros, consoante as necessidades,

• Trabalhar em colaboração com as ONG e as principais partes interessadas, incluindo universidades e colégios, para dar início a novos programas de RBC em zonas rurais remotas onde existam lacunas,

• Reforçar as relações entre os professores e os pais, para envolver os pais e a comunidade em geral na sua educação, de modo a disponibilizar recursos às escolas de forma regular,

• Promover ambientes de sala de aula inclusivos em todas as escolas - criar ambientes de aprendizagem favoráveis às crianças, para reduzir as atitudes negativas em relação às crianças cegas e amblíopes, em particular, e às crianças com deficiência visual, em geral,

• Tornar a educação das crianças cegas e com deficiência visual mais relevante para a vida quotidiana e o ambiente doméstico, ligando as escolas à vida real, criando e reforçando centros de recursos nas escolas,

• Promover os meios de subsistência das famílias de crianças cegas e deficientes visuais de forma sustentável, a fim de lutar contra a pobreza,

• Promover a capacitação social, cultural, política e económica das crianças cegas e com deficiência visual e das suas famílias,

• Educar e envolver as mulheres e as raparigas cegas e amblíopes na sensibilização para o VIH/SIDA, na prevenção, nos cuidados e no sistema de apoio,

• Tornar as escolas inclusivas através da definição - por exemplo, dar prioridade a ambientes escolares inclusivos no plano de desenvolvimento da escola, alterar as políticas, as práticas e a cultura,

• Desenvolver um plano de aprendizagem individual, apoiar os professores na identificação das necessidades individuais de cada criança, adaptar os ambientes físicos da sala de aula, aplicar métodos interactivos para ensinar crianças com diferentes níveis e interesses; utilizar abordagens amigáveis para crianças em grupos,

• Estudar e investigar em que medida a política existente é praticada a nível das bases e em que medida as vítimas da guerra civil beneficiam dessa política

Por último, a abordagem multissectorial com vista à eliminação de todos os obstáculos e à criação de um ambiente escolar favorável a todas as crianças, incluindo as crianças cegas e amblíopes, poderia eventualmente criar mudanças positivas na vida das crianças cegas e amblíopes da região. Além disso, é necessário praticar abordagens baseadas nos direitos e em duas vertentes na educação das crianças cegas e com deficiência visual, incluindo outras.

Sobre o autor

A autora tem um mestrado em Educação Especial pela Universidade de Joensuu, na Finlândia, e é licenciada em Educação pela Universidade de Adis Abeba, com mais de 13 anos de experiência na gestão do programa de RBC na AMRC; professora, directora, especialista em desenvolvimento curricular e investigação no Ministério da Educação durante 17 anos e gestora do programa de educação na Concern Worldwide Ethiopia durante 1 ano e meio.

Referências

Fórum Africano de Políticas para as Crianças (ACPF) (2011): Quebrar o silêncio contra as crianças com deficiência em África, um estudo de campo dos Camarões, Etiópia, Senegal, Uganda e Zâmbia. Adis Abeba: Fórum Africano sobre a Política da Criança. Available from: https://app.box.eom/s/6sx37rls7t0m5c90vps3/l/116120024/2473341333/l

Para além de 2015: Delivering on the agenda for persons with Visual Impairment in Africa, 6th Africa forum (2015), Kampala, Uganda

Boersma, J.,MF (2008).Violence against Ethiopian children with disabilities, the stories of children. Amesterdão, Tese de Mestrado, Universidade de Amesterdão. Disponível em: http://www.aifo.it/English/disability/documents/cbr violenza/violence Ethiopian disabled children marieke.pdf[Acedido em 5 de novembro de 2012]

Buruijn, P., Regeer, H.,Comielje ,H.,Wolting,R.,Veen,S.van e Maharaj,N. (2012).Count me in. Incluir pessoas com deficiência em projectos de desenvolvimento.

CBM Christian Blind Mission (2006). CBM Política de Deficiência e Desenvolvimento, Alemanha

RBC - Documento de posição conjunta (2004) Uma estratégia para a reabilitação, a igualdade de oportunidades, a redução da pobreza e a inclusão social das pessoas com deficiência, OIT, UNESCO e OMS, Suíça

RBC: Desenvolvimento e Implementação de Políticas Inclusivas (2008). Editores Sally Hartley e Joan Okune, Reino Unido.

CBR NE (2007) Diretório de instituições que prestam serviços de referência para pessoas com deficiência

Community -Based Rehabilitation (CBR) Service Standards (1st edition) (2004).Community Based Rehabilitation - Ethiopia. Publicação: Patrocinado pela Christian Blind Mission.

Comielje, H., Veldman, E., (2011).The Dream of Inclusion for All. Materiais poderosos de formação em RBC, Enablement

Diretório de instituições que prestam serviços de referência para pessoas com deficiência (2007),CBRN-E

Deficiência, RBC e Desenvolvimento Inclusivo: Anteriormente Asia Pacific Disability Rehabilitation Journal, volume22, no.2 2011

Deficiência, RBC e Desenvolvimento Inclusivo: Formerly Asia Pacific Disability Rehabilitation Journal, Volume 24, no.3 2013, sítio Web: www.dcidj.org

Educação para Todos, Relatório de Monitorização Global (2005)

Política de Educação e Formação (1994), Governo da República Federal Democrática da Etiópia, Adis Abeba

Geert, V.(2001). Breaking Down Barriers, A practical guide for eye units in developing countries, CBM Christian Blind Mission

Horton, J. (1988). Education of Visually Impaired Pupils in Ordinary School, Hellen keller International, UNESCO

Kirk, J., Horton (1998). Education of visually impaired pupils in ordinary school (Educação de alunos com deficiência visual na escola normal). Guias para a educação especial n.º 6, UNESCO

LIGHT FOR THE WORLD, Relatório de Actividades (2014/2015).

McNear, D., Torres, L. e outros (2002). When you have a visually impaired student in your classroom: A Guide for teachers, Consulting Editor Susan J. Spungin, AFB Press, 2nd Edition, EUA. American Foundation for the Blind (Fundação Americana para os Cegos).

Ministério da Educação (2006).Estratégia do programa de educação especial: Enfatizar a educação inclusiva para atingir os objectivos da UPEC e da EPT. Addis Abeba.

Ministério da Educação (2015). Directrizes para a criação e gestão de centros de recursos/apoio à educação inclusiva. Addis Abeba.

Ministério dos Assuntos da Mulher, da Criança e da Juventude (2013). Estratégia Nacional e Plano de Ação sobre os TP contra Mulheres e Crianças na Etiópia (2013), Adis Abeba.

Ministério do Trabalho e dos Assuntos Sociais (1999). Programa Nacional de Ação para a Reabilitação de Pessoas com Deficiência, Addis Abeba.

Comissão do Plano Nacional, Plano de Desenvolvimento, Crescimento e Transformação para cinco anos 2008-2012 (2016). República Federal Democrática da Etiópia (2nd round 5 years), Adis Abeba.

Rasmussen,T.J., e outros (2015). Diferente. Tal como tu: Uma abordagem psicológica que promove a inclusão de pessoas com deficiência

Reference Material On Harmful Traditional Practices-Preparado para utilização por prestadores de cuidados de saúde, Pathfinder International Ethiopia (ano não mencionado).

Royal National Institute for the Blind (1992), Braille primer with exercises, edição revista

Gabinete de Finanças e Desenvolvimento Económico da SNNPR, Plano de Desenvolvimento, Crescimento e Transformação para cinco anos 2011-2015 (2010), Hawassa.

Swallow, R., Huebner K. (Editores) (1987). How to Thrive, Not just Survive -A Guide to developing Independent Life Skills for Blind and Visually Impaired Children and Youths, Nova Iorque, American foundation for the Blind

Torres, I., Com L. (1990). When You Have a Visually handicapped Child in Your Classroom: Suggestions for Teachers, 2nd edition, Nova Iorque. Fundação Americana para os Cegos

Educação para todos até 2015: será que vamos conseguir? Relatório de monitorização global da Educação para Todos 2008. Paris , UNESCO, 2007, P.5. UNESCO Educação para todos http://unesdoc.unesco.org/images/0015/001548/154820e.pdf.accessed 5mai2010).

UNESCO (2003): Género e educação para todos. O salto para a qualidade. Paris, França. Disponível em www.unesco.org/educational/efa reports/summary en.pdf para

Nações Unidas (ONU) (2006). Convenção sobre os Direitos das Pessoas com Deficiência.NewYork:UN.Availablefrom:http://www.un.org/dosabilitties/default.asp?navid =12 pid=150.

Nações Unidas (1994). Regras-padrão sobre a igualdade de oportunidades para pessoas com deficiência, Nova Iorque: ONU.

Vanneste,G.,(2001).Breaking Down Barriers -How to increase the cataract surgical rate. Um guia prático para unidades oftalmológicas em países em desenvolvimento, CBM Blind Mission, CCBRT, Dar es Salaam

Vanneste,G, (1992).Community Based Rehabilitation for Blind persons,CCBRT, Dar es Salaam

Wener,D.,(2009),DisabledVillageChildren.Berkeley,CA,HesperianFoundation, 2009Cwww.hesperian.org/Publications download DVC.php, acedido em 30 de maio de 2010)

Organização Mundial de Saúde (OMS) (2010).Towards community-inclusive development.CBRGuidelines.IntroductoryBooklet.Geneva.Availablefrom:http://www.who.int/disabilities/cbr/g uidelines/en based.

Organização Mundial de Saúde e Banco Mundial (OMS e BM) (2011). Relatório Mundial sobre a deficiência.Genebra.Disponível em:http://www.who.int/disabilitites/world report/2011/en/index.html

More
Books!

info@omniscriptum.com
www.omniscriptum.com
OMNIScriptum

Printed by Books on Demand GmbH, Norderstedt / Germany